教育部人文社会科学重点研究
学研究"（编号 12JJD880

U0574119

教师职业道德养成
——做一个温暖的师德实践者

戴双翔　王本陆／主　编

JIAOSHI ZHIYE
DAODE YANGCHENG
ZUO YIGE WENNUANDE
SHIDE SHIJIANZHE

北京师范大学出版集团
BEIJING NORMAL UNIVERSITY PUBLISHING GROUP
北京师范大学出版社

图书在版编目(CIP)数据

教师职业道德养成—做一个温暖的师德实践者/戴双翔，王本陆主编.—北京：北京师范大学出版社，2015.6（2023.9重印）
ISBN 978-7-303-18836-9

Ⅰ.①教… Ⅱ.①戴… ②王… Ⅲ.①中小学—教师—职业道德 Ⅳ.①G635.16

中国版本图书馆CIP数据核字（2015）第071571号

图 书 意 见 反 馈　　gaozhifk@bnupg.com 010-58805079
联 系 电 话　　010-58807068
北师大出版社教师教育分社微信公众号　　京师教师教育

JIAOSHI ZHIYE DAODE YANGCHENG

出版发行：北京师范大学出版社　www.bnup.com
　　　　　北京市西城区新街口外大街12-3号
　　　　　邮政编码：100088
印　　刷：北京溢漾印刷有限公司
经　　销：全国新华书店
开　　本：170 mm×240 mm
印　　张：10.25
字　　数：200千字
版　　次：2015年6月第1版
印　　次：2023年9月第7次印刷
定　　价：32.00元

策划编辑：李　志　　　　责任编辑：鲍红玉
美术编辑：焦　丽　　　　装帧设计：焦　丽　锋尚设计
责任校对：陈　民　　　　责任印制：陈　涛

版权所有　侵权必究

反盗版、侵权举报电话：010-58800697
北京读者服务部电话：010-58808104
外埠邮购电话：010-58808083
本书如有印装质量问题，请与印制管理部联系调换。
印制管理部电话：010-58805079

出版前言

如何在一个价值多元化社会里开展教师职业道德建设，是一个重大的教育理论和实践课题。当前，社会各界关于师德状况的评估和师德建设的策略，存在较大分歧，短期内很难弥合。分歧主要表现在：不同人群所坚持的师德立场、观念和标准差异很大，基于不同立场和标准而得出的评估结论和工作策略，自然也是大相径庭。于是，互相指责、抱怨、不满、疑虑乃至敌视等心理隔阂和情感疏离现象，就很难消除。我们认为，面对这种复杂的局面，需要建立一种有效的道德对话机制。道德对话，永远比道德批判、道德压制更有意义。建立在互相尊重与理解基础上的真诚对话，可以有效管控分歧、表达期望、凝聚共识，从而促进共同的道德成长。这正是我们编写本书的初衷和立足点。也就是说，本书承认社会各界（包括教育界内部）关于师德的多元认识这一客观事实，在此基础上，希望能与大家一起共同探寻师德的基本共识，并基于师德共识努力提升师德修养。我们的基本主张是：教育是一件良心活，应该基于道德良心来做教育（教育工作者）和善待教育（社会各界）。师德标准从根本上说就是一个"好人"的标准，即一个真正有良知的人、做事问心无愧的人。这对于做领导、员工、家长或子女来说，也是适用的标准。每个人都凭良心做事，这或许就是真诚的道德对话的基础和共识。我们希望，借此不仅可以推动广大教师做一个温暖的师德实践者，同时也使我们每个人获得心灵的成长，焕发出高贵的人格魅力。

本书是我们承担的教育部人文社会科学重点研究基地重大项目"教学伦理学研究"（编号12JJD880013）课题的一个阶段性成果。在项目研究中，我们认识到：教学既是科学，又是艺术，更是一种文明生活；教学活动充满了伦理矛盾和冲突，而化解这种矛盾和冲突，既要坚持先进的教学伦理规范，更要师生共同发挥道德主体性。师德养成就是教师道德主体性觉醒、提升的过程和成果，而学习伦理的建设则是学生道德主体性发挥、提升的基本策略。本书讨论的问题，主要聚焦于师德养成的内涵、方向、表现和路径。编写组成员均为本课题组的核心成员，是国内长期从事教育伦理学研究的研究者或组织承担重要师德培训项目的培训管理者。主编：戴双翔（华南师范大学基础教育培训与研究院），王本陆（北京师范大学教育学部）。各章作者：第一章，王本陆；第二章，汪明（北京师范大学教育学部）；第三章，任海宾（人民教育出版社思想政治教育编辑室）；第四章，凌云志（衡阳师范学院人文社会科学学院）；第五章，潘新民（河北师范大学教育科学学院）；第六章，戴双翔。

本书读者对象定位于广大中小学教师，可以作为中小学教师培训通识课程中师德模块的通用教材，或者作为开展师德培训项目的专用教材，适合参训教师自主阅读，推动他们开展研修反思、促进师德养成。同时，本书也可以作为中小学教师师德建设与师德培训研究的专用教材。

在本书编写过程中，我们选用了全国范围内部分师德标兵、优秀教师公开发表或在教师培训中交流过的先进事迹材料，特此致谢！由于编写者水平、能力和精力有限，本书难免有各种错误或不当之处，敬请广大读者朋友批评指正！

北京师范大学出版社李志老师对于本书的策划、编写和出版给予了大力支持和精心指导，他精益求精的工作精神和高超卓越的业务能力，为我们树立了学习的榜样，谨致诚挚谢意！出版社的各位领导和众多员工，均从不同方面为本书出版提供了支持和帮助，在此一并表示感谢。

王本陆

2015年3月

于北京师范大学

目　录

第一章

关于师德的基本理解

教师职业道德或者说师德是当前社会各界广泛关注的话题。随着校园性侵案、幼儿"喂药门"等诸多恶性事件曝光，当前社会大众对师德问题表现出深切的关注和忧虑，各种谴责挞伐之声不绝于耳；教育行政部门强力推行师德考核"一票否决制"，但实际效果如何还有待观察。在这种形势下，老师们普遍感觉到了一种压力，也有不少困惑，有的可能还有抵触情绪。面对各种外加的规范和谴责的声音，作为从事实际教育工作的一线教师，我们和大家一样感同身受。这些年谈论师德的很多，但大多是一些高高在上的并不实际教书育人的人士，且多数带着一种训诫的口气和倨傲的姿态。说实话，我们不喜欢这种训诫。按照我们的理解，师德是教育者之间的心灵对话和道德共识，师德首先是一种人心与人性的温暖。道德本质上不是规约与束缚，而应是心灵的温暖、成长与升华。高高在上的训诫，顶多只会使人产生遵从行为，而不会有真正的道德自觉；而真诚的心灵对话与人性温暖，则会激起情感共鸣，形成思想共识，促进行为自觉。我们的最大愿望，就是通过这本小书，与大家一起共同面对当前师德建设的困惑，共同思考与分享师德的真谛，共同探寻师德的养成路径，引导教师做一个温暖的师德实践者。

一、教师是"圣人"还是"凡人"?

(一)"圣人观"与"凡人观"的交锋

新加坡南洋大学严元章先生在20世纪90年代讲过这样一个故事。

有些行家对于"人之模范"这个为师的概念,根本就不肯接受。二十多年前,曾经有一位数学教授突然来看我,带有愤愤不平的语气对我说:"师者,人之模范?我教数学,教完就完了——哪管他什么模范不模范!"当时这位教授,看来是想我支持他的议论;然而,我只是对着他微笑,没有表示意见。[①]

不知您是否同意那位数学教授的观点?但我们相信,有不少老师会把这位数学教授视为知音。他的确道出了众多同行朋友的心里话:我只是一个普通人,只是一个任课老师,我无意做世人的表率。在现实生活中,经常听到同行朋友吐槽:我只是一个普通人,但社会各界却用"圣人"的标准要求我,这让我领受不起,也让我压力山大。教师究竟是普通人,还是道德完善的圣人?如何合理定位教师的道德形象?这是广大教师最感到困惑的问题之一,也是讨论师德话题首先需要明确的基础性问题。

的确,在社会上,人们关于教师道德形象的定位问题,存在明显分歧。一方面,不少人把教师视为传承文明、教人向善的精神导师,因而倡导教师必须具备圣人之德,强调教师处处要以身作则、为人师表;而另一方面,在许多教师心目中,自己只是做份工作、挣份工资的普通人,凭什么要处处为人师表?这是关于教师工作和师德修养的两种不同认识和定位,我们不妨把前者称为"圣人观",把后者称为"凡人观"。上文涉及的"师者,人之模范"命题的争论,正是"圣人观"与"凡人观"的交锋。这种交锋由来已久,短期内恐怕也不会平息。

(二)关于"圣人观"的简单讨论

"师者,人之模范"这个命题,可谓"圣人观"的集中表达。这句话出自汉代学者扬雄笔下,是我国古代教师观的经典表述。从先秦时期起,我国就一直不

---

① 严元章. 中国教育思想源流 [M]. 北京:生活·读书·新知三联书店,1993:144-145.

断地探讨着择师的标准问题。到底什么人可以做老师？大抵有两方面的标准，一是道德修养高，二是业务能力强。例如，在战国时期，我国著名思想家、教育家荀子就明确提出了做教师的四个条件："尊严而惮，可以为师；耆艾而信，可以为师；诵说而不凌不犯，可以为师；知微而论，可以为师。"（《荀子·大略》）其中，前两条侧重德性，后两条侧重才干。《学记》则从业务方面提出了做教师应该具备的条件，如"知兴废""能博喻"等。到了汉代，扬雄更提出了一个响亮的命题："师者，人之模范也。"（《法言·学行》）何谓人之模范？对此，他提出了多方面的具体要求，包括知识渊博、乐教不厌、教学有法、以身作则等①。按照现在的理解，这是一个关于教师素质结构的综合标准，内容涉及道德水平、知识水平、教育精神和教育能力等各方面。由此可见，"师者，人之模范"这一命题，是我国古代教师素养的总纲，是择师的核心标准，也是教师专业成长的方向。

中国古代特别强调"师者，人之模范"这一命题，有其具体的历史背景。从社会结构来分析，中国古代社会是家国同构的伦理—政治型社会，皇权是社会权力的中心，皇权的合法性源自"以德配天"的逻辑，道德教化是社会治理的关键环节，是维持文化大一统的根基。道德教化是依靠教师来实施的，教师就是代圣人言而教化万民的人，在这种背景下，便形成了尊师重教的传统。与此相对应，对作为代圣人言的教师，人们也提出了很高的道德和业务要求。这一点，和西方大多数国家有明显差异。西方古代社会更多是宗教—政治型社会，精神世界更多被教会控制，僧侣教士具有很高的社会地位，并承担教化社会的责任。相对来说，世俗的教师就只是教人读书识字的"经师"罢了，因而，对其也没有特别高的要求。由此可见，在我国古代社会，强调"师者，人之模范"这一标准，强调教师做一个真正的"人师"，即青年人的精神导师，是有其历史合理性的。也就是说，在我国古代社会，坚持用圣人之德来选拔教师，在逻辑上是适宜的。

但是，时过境迁，在现代社会，在现代教育体系中，还能否用圣人之德来继续要求教师呢？这就需要认真讨论了。起码有两点非常明显的变化：一方面，古代社会是等级社会，而现代社会是平等社会。古代社会把人分成三六九等，在我国古代，士（读书人）处在"三教九流"中仅次于帝王的位置，被赋予很高的道德优越感和社会地位。而培养士阶层的教师，无疑更是道德文章的象征和表率，

---

① 参见毛礼锐，沈灌群. 中国教育通史（第二卷）[M]. 济南：山东教育出版社，1986：213-215.

处在道德金字塔的尖端。但是，现代社会推崇众生平等观念，主张没有任何一个阶层（职业）具有先天的道德优越性；在社会法制体系中，也不承认任何特权公民的存在。这就是说，现代社会不再是依圣人言而生活的时代，读书人更不是高高在上的特权阶层。再像古代那样，赋予教师"代圣人言"的角色并以圣人之德要求教师，恐怕早已不合时宜。另一方面，师德标准重心古今有异。古代社会只有少数人受教育，没有专门培养教师的社会机构，教师群体总量比较有限，因而更多采用从社会成员中择优选用的办法。这就是古代社会高度关注择师标准的原因。古代社会的师德要求，更多是一种择师标准的表述。现代社会建立了庞大的国民教育体系，推行普及教育，师资需求量极大，于是，便有了专门的教师培养机构。青年人经过一段时间的专业训练、师范培养和资格认定后，就去当教师。这样，教师有了稳定来源，择师问题就自然解决了，而教师如何工作，则需要建立专业标准，其中就包括教师职业道德标准。现代社会的教师职业道德，是规范教师做好教育工作的纪律，是关于教师做事的要求。古代用于选人的"圣人之德"的一般标准，如果套用为现代社会的教师具体做事的规范，自然大而不当。

（三）关于"凡人观"的简单讨论

前面讨论的师德"圣人观"，在现代社会总体上不合时宜。看了这些分析讨论，持有"凡人观"的教师朋友也许就会窃窃自喜了。下面，我们就一起来讨论一下"凡人观"的得失问题。

"凡人观"主张教师工作是现代社会分工体系中的一种工种，是付出劳动、提供社会服务、换得社会报酬的一种职业活动。总体来说，这是符合实际的。从社会结构来看，在全世界，广大教师（尤其是中小学教师）都只是现代社会的普通一员，他们具备较高文化，但又很少被认为是真正的专家。他们工作付出不少，劳动收入不高，社会地位一般，还要养家糊口、生儿育女，这的确是很平凡的人生。如果每个社会成员都能从平凡人的视角去理解我国教师的工作和生活状况，大家也许就会多一分宽容和认同。试想，寒窗苦读十几载，却拿着农民工兄弟那样微薄的薪水；做完家务，安顿好老人、孩子，三更半夜还得批改作业、读书备课。日复一日，常年如此，请问：有多少人能无怨无悔地一辈子过这种生活呢？但对于大多数老师来说，这就是平常的生活状况。作为平常人，老师们有时对这种生活状况有所抱怨、有些不满，是可以理解的。希望过一种幸福、体面的生活，是每个平常人的正常心态和合理诉求。希望像亚里士多德说的那样，生活优裕、行为优良，拥有中等的财富、过着节俭的生活、做着高尚的事情，恐怕更是每个老师向往而又向往的境界。在社会层面，我们的确需要呼吁更多人能体会、理解教师作为平凡人的生存状况，并为改善教师生存状况而做出力所能及的努力。

教师的确是平凡人，但却不能以凡人之心任性而为。教师和警察、公务员一样，所从事的是提供公共服务的社会核心事务，社会责任重大，对于社会安定、国家富强、文明进步和个体幸福发挥着关键性作用。教师担负着培养教育青年人的社会使命，关系国家未来，关系千家万户，一言一行都可能对儿童身心发展产生巨大影响，因而必须谨言慎行。作为从业者，我们虽然都是凡人，但所作所为必须符合行业特性和社会期许。只有这样，才能赢得社会信任和职业尊严。试想，如果一个人言行放荡不羁，专业稀里哗啦，您放心把自己的孩子交给他教育吗？您愿意跟这样的老师读书学习吗？可以说，如果一个教师完全按照凡人标准行事做人，他一定不是一个好老师。由此可见，教师虽然是个凡人，却又需要不断超越凡人的局限性而追求自我完善，包括道德的自我完善，这是教师行业的特殊性决定的。"凡人观"只强调教师本是凡人的现实性，却忽略了教师超越凡人的必要性，因而也有很大局限。

（四）教师道德形象的新定位

教师不是圣人，从古至今也没有几个真正的圣人；教师是凡人，但教师从来就不能满足于做凡人。那么，如何定位教师的道德形象呢？这个问题，大家不妨多做些讨论。对此，我们提出一个粗略意见：教师是一个好人！

不妨来看下面一个材料。

康有为在《大同书》（1902年）中，设计了一个理想化的教育系统，对育婴院、小学院、中学院的教师选择提出了分门别类的标准：

（育婴院）"凡女保……选其德性慈祥、身体强健、资禀敏慧，有恒性而无倦心，有弄性而非方品者，乃许充选；

（小学院）"女傅当选德性仁慈、威仪端正、学问通达、诲诱不倦者为之；

（中学院）"不论男女皆得为师，唯才德是视……中学之师，尤当妙选贤达之士，行谊方正，德性仁明，文学广博，思悟通妙，而又诲人不倦，慈幼有恒者，方当此任……管学总理……须学行并高，经验甚深，慈爱普被者，方许充之。"①

《大同书》出版于中国教育从古代教育转轨为现代教育的节点上。康有为所倡导的教育系统，总体上属于现代教育的框架。他关于幼儿教育、中小学教育师资选拔标准的论述，又继承了中国古代才德并举的思路，"唯才德是视""须学行并高"是对所有教师共同的素养要求。关于教师的德性素养，他用了慈祥、仁慈、仁明、端正、方正等词，大意无外乎仁爱与正直。待人有爱心，处事讲规矩，这就是一个"好人"的核心标志。可见，康有为的择师标准，从道德维度看，主要把教师视为一个"好人"。

我们理解，在现代社会众多社会职业中，自觉选择做教师的人，一般是那些天性善良、热心助人、淡泊名利的人，可以统称为社会上的好人。"得天下英才而教育之"，也许是他们最大的人生之乐。教师天天与孩子打交道，把全部精力用于培养别人的孩子，这种慈爱之心，是伟大人格的表现。爱自己的孩子，其基础是动物本能，虽然人们常把它上升为伟大的母爱、父爱。而对别人的孩子像对自己孩子一样关心、爱护、教导，这是一种心灵的超越和理性的选择，是人类道德自觉的高度体现，是人作为一个道德的理性存在物的自由选择。这并不是每个人都可以做到的事情，只有真正慈悲为怀的人，才能长期坚持下去，"俯首甘为孺子牛"。而且，教师天天用心培养孩子，自己究竟又有多少回报呢？教师行业一直是一个相对清贫的行业，很早在社会上就有"家有三斗米，不做孩子王"的说法。相对于官场的飞黄腾达、商场的日进斗金，教师生活是基本与富贵无缘的人生道路。那些善于钻营、怀揣富贵梦想的人，一般是不会选择做教师的；即使不小心进入了教师队伍，恐怕最终也会想方设法离开这个行业。能坚持一辈子将三尺讲台作为自己最大的、也是唯一的人生舞台的人，大概早就放弃了众多国人孜孜以求的大富大贵的幻想，心甘情愿做一个淡泊名利的孩子王。这也只有实诚之人才能真正做到。因而，在我们的心目中，每个兢兢业业教书育人的老师，都是值得众人敬佩的好人。至于那些师德楷模的高尚情操，则堪称时代的道德灵魂，因而也支撑起现代教育的道德大厦。

然而，由于种种原因，当前教师的社会形象大不如前。在一些人心目中，教师甚至成了"坏人"的代名词。对此，该如何认识和对待呢？这个问题，的确三

---

① 陈学询. 中国近代教育文选［M］. 北京：人民教育出版社，1983：111–117.

言两语说不清楚，不同的人也会各有主见。我们觉得，需要辩证分析这一现象。第一，教师队伍里有没有违法犯罪的坏人？当然有。校园性侵就是一种犯罪行为，干这种事情的教师无疑是坏人，是极大损害教师队伍形象的坏人。第二，教师队伍的主流是好的还是坏的？毫无疑问，主流是好的，绝大多数教师都是好人。不讲师德、违法犯罪的毕竟只是极个别教师。第三，在人们心目中，教师队伍的整体形象为什么会下降？应该说，这是多种因素综合作用的结果。在整个社会道德大滑坡的背景下，教育界也存在道德滑坡现象，这是必须承认的客观事实。人们长期以来形成的对负面新闻的敏感和对正面新闻的漠然，则主观扭曲了对整个行业的道德认知。此外，千丝万缕的利益瓜葛和教育的"替罪羊"效应，更强化了人们对教育的负面观感和负面情绪。这些因素叠加在一起，自然就会使普通大众对教师形象打上大大的问号。第四，如何重建教师队伍的好人形象？这不是一件容易的事情，需要教育系统加强危机管理，改善社会公关活动，更需要每所学校、每个老师严格执行教育政策法规，兢兢业业做好本职工作，创造教书育人新业绩，同时也提升自我道德新境界。我们相信，路遥知马力、日久见人心，只要大家共同努力，教师的正面形象最终会重新树立起来。

在当前，积极宣传教师是好人这一基本理念，很有现实意义。这是重建社会各界尊师重教情感基础的关键环节。把教师视为圣人，表面上是给予了教师很高地位，但用无人可及的圣人之德要求教师，映衬出来的是教师的平凡、平庸，对教师的尊敬之情从何而来？把教师视为凡人，则淹没了教师工作平凡中的不平凡之处，也就消解了尊师重教的必要性。把教师视为好人，显现的正是教师工作平凡中的伟大和独特之处，因而可以为社会各界尊师重教提供合理的情感依据。从教师队伍内部来说，强调教师是好人，可以化解长期以来"圣人观"带来的沉重道德压力，同时又能彰显教师工作的大爱与奉献品质，从而为师德规范提供合理的自我定位。

教师是一个好人！这就是我们对教师基本道德形象的定位。如果您认可这一理念，就让我们一起来阐释、倡导和践行之。

思考与分享

1. 品读下面的诗歌。思考一下，在东西方不同国家，在不同历史阶段，人们对于教师角色的认识与要求有什么相同和不同？

我是教师①

我是教师。

我出生于世界上第一个有疑问的孩子提问的那一刻。

我是许许多多地方的许许多多的人。

我是苏格拉底，鼓励雅典的年轻人通过提问寻求真理。

我是安妮·沙利文，让一个名叫海伦·凯勒的盲聋哑女孩子感触到宇宙的神奇，成为一名杰出的作家。

我是伊索，是安徒生，用一个个奇妙的故事启迪心灵。

我是马弗·科林斯，为每一个孩子享有受教育的权利而做不懈的努力。

我是黑人玛丽·麦克略特·贝休思，为受到种族歧视的黑人们创立出一所著名的高校。

我是贝尔·考夫曼，拖着病残的身子让孩子们在知识的天地里健康成长。

我还有很多的名字——布克·华盛顿、释迦牟尼、孔子、拉尔夫·沃尔多·爱默生、利奥·巴斯卡格利亚、摩西、耶稣……这些名字以博爱之心和人文精神誉满天下。

也有些名字，或许已经被人们忘却，但它们会融入学生们在各行各业取得的成就之中，并以这种方式得以永存。

我愉快地参加昔日学生的婚礼，开心地看到他们的孩子出生，也在一些英年早逝的学生的葬礼上肝肠寸断。

一天当中，学生们需要我成为演员、朋友、护士、医生、教练、借款人、司机、心理学家、政治家、临时父母……

我给学生们讲语文、数学、美术、音乐，但是我知道，这些远远不够，我需要激发学生主动学习的求知欲，让他们积极地向全社会学习。

物质财富不是我生活的目标，但是追求财富却是我的职业。我要创造尽可能多的机会发挥学生的才智，使可能会埋没在灰心丧气中的才智闪现出光辉。学生的这些才智便是我的财富，更是社会的财富。

我是劳动者当中最幸运的人。医生是将生命带进世界的引导员，而我每天都

---

① ［美］约翰·施拉特. 我是教师［J］. 邓笛，译. 师道，2004（5）.

可以看到生命的变化，看到一个个日臻成熟和美好的生命；建筑师可以匠心独具，将一幢大厦耸立几个世纪而仍然巍峨壮观，而我用爱和真理所创造的却可以一代又一代地传播下去。

我还是一个战士，每天都要与恐惧、偏见、无知、冷漠做斗争。所幸的是，爱、智慧、个性、信任、欢乐、好奇心、创造力，这些都是我的盟友，它们是我坚强的后盾。

我的过去充满了丰富而美好的回忆；我的现在既有挑战又有欢乐；我的未来寄托在学生身上，将无比辉煌。

我是教师……

2. 下面是一位中学教师关于自己职业的自白。您怎么认识与评价这位老师的所作所为？

我是××中学的一个普通教师。我的月工资2000多元，一年的总收入是3万元左右。不幸的是，全家的经济负担基本都由我来承担。我的妻子是下岗工人，没有经济收入；她又多病，每年的药费就需要1万多元。我的儿子读大学，每年需要2万多元。还有家里的老母亲，需要我提供生活费。因此，即使我不吃不喝，我的工资也无法承担家庭的开支。

为了吃饭，为了医好妻子的病，为了给老母亲生活费……我只好利用业余时间"走穴"兼职，努力赚取一点钱来解决家庭困难。必须说明，我是在搞好本分工作的前提下从事业余兼职的，我并没有违背自己的职业道德。我还是很喜欢教书的，在日常教学工作中，我遵守规章制度，执行学校的教学计划，出色地完成教育教学任务。我真的过得很艰难，但目前我肯定不会舍弃我的这份工作。

二、师德是外在约束还是内在力量？

当前行政部门对师德规范要求很严、期望很高，但毋庸讳言，不少教师却未必心悦诚服地接受这些要求。在一些教师看来，师德规范就是一些捆绑着自己手脚的绳索。应该说，在一个现代民主社会，广大教师对师德要求有自己的一些想法和态度，是很正常的事情。但是，要真正解决问题，则需要理性的分析。下面，我们不妨一起来就这个棘手问题做些讨论交流。

（一）师德是一种行业规范

俗话说得好，国有国法、行有行规。每个比较成熟的社会行业，都会有一些成文或不成文的行规。行规是维护一个行业正常运转和良好秩序的从业规范，它可以粗略区分为两个方面：一是技术规范，即做工作的规范流程和质量标准；二是道德规范，即待人处事所坚持的价值立场和行为规范。在古希腊，希波克拉底誓言就是医生行医的行规；我国古代的商铺，也有笑脸迎客、童叟无欺的店规；甚至传说中绿林强盗也倡导盗亦有道。这些都属于特定行业的职业道德规范。

教师行业是人类社会非常重要的行业，自然需要系统明确的行业规范。师德就是教师行业的道德规范，是一种具有强制性的行业要求。作为行业规范，不管高兴不高兴、同意不同意，只要进入了这个行业，您就必须遵守它。违背行业规范，就会付出代价，受到惩罚。不论您在哪个行业做事，都得守规矩，不能任性胡来。这个道理，各行各业都一样，教师行业并不特立独行。所以，既然选择做教师，就要认真了解教师行业的道德规范，努力遵从这些规范。这是做人的基本要求，是必须接受的社会规则。

师德作为一种职业道德规范，一般来说，有两个核心来源：一是时代要求；二是行业传统。一方面，教育是非常重要的社会公共事务，是文明传承的基本途径，国家和社会的核心价值取向，必然要求在教育工作中体现出来。由于社会道德总体是不断变化发展的，因而，师德规范随着时代不同会有所变化，具有鲜明的时代性。例如，我国古代强调师道尊严，近现代则强调师生平等，这就表现出明显的差异。改革开放三四十年来，我国多次颁布教师职业道德规范，其条文和内容均有调整。另一方面，师德规范的核心内容，基于教育行业长期的实践积累和历史惯习，反映了教育行业的工作特点，因而又具有稳定性和延续性。例如，学而不厌、诲人不倦的命题，它概括地表达了教师不断钻研业务、不懈培养学生的教育精神，从古至今，都是我国教师奉行的重要行为准则。

师德规范的合理制定与有效推行，是需要继续探索的一个课题。从现代伦理学的角度看，师德规范的制定，关键是要进行道德权利和责任的有序安排。在教育系统中，所有道德主体（教育行政领导、学校领导、教师、学生、家长等）各有其道德权利和责任，应基于责权均衡原则合理安排各自的道德责任和权利。许多老师对师德规范持有保留意见，问题可能出在师德规范责权失衡上。师德规范的执行，关键在于领导的模范带头作用。中国有句古话说得好："其身正，不令而行。"教师要做学生和家长的表率，而教育行政领导则有义务做教师的表率。例如，教师要精研业务，那么，教师也有权利要求行政领导学问精湛，具有专业领导力；教师为人处世要高风亮节，那么，教师也有权利要求行政领导行为世范，具有道德领导力。也就是说，如果每个教育行政领导能模范遵守师德规范，那么，广大教师就会心悦诚服，仿而效之。反之，推行起来就会困难重重。

（二）师德是一种自我修养

从某种意义上说，道德源于外在规范而成于内心觉悟。师德是一种社会规范，更是教育者的自我修养要求。为了更好理解这一点，让我们一起来重温一下康德关于道德律的名言：

"有两样东西，人们越是经常持久地对之凝神思索，它们就越是使内心充满常新而日增的惊奇和敬畏：我头上的星空和我心中的道德律……（道德律——引用者加）把我作为一个理智者的价值通过我的人格无限地提升了，在这种人格中，道德律向我展示了一种不依赖于动物性、甚至不依赖于整个感性世界的生活，这些至少都是可以从我凭借这个法则而存有的合目的性使命中得到核准的，这种使命不受此生的条件和界限的界限，而是进向无限的。"①

头上的星空浩瀚无际，按照自然律有序运转，它映照出个体的渺小和生命的短暂，因而令人敬畏惊奇；道德律使人摆脱动物性，追求合目的的使命和责任，赋予有限生命以无限的空间和永恒的价值，它映照出人格的伟大和理性的光辉，因而同样令人敬畏惊奇。我们体会，康德的这段话，道出了道德的真谛：自得、自悟、自律，即在明了社会生活真谛和规律的基础上，合理选择，正确行动。中国古人讲人生三不朽：立德、立功、立言。在三不朽中，为何把立德放在最前？对此，康德的话应该是一个很好的注解。道德自律，这是人之为人的最高贵品质！

作为一个老师，大家可能会经常反思一个问题：我们何以为人师？对此，前人总结了八个字：学高为师，身正为范。这是我国从古至今择师的核心逻辑：德才兼备，学行并高。在现代社会，教师的学问主要依靠高等教育阶段的系统学习

---

① ［德］康德. 实践理性批判［M］. 邓晓芒，译. 北京：人民出版社，2003：220-221.

而获得，同时需要结合工作实际不断钻研提高。那么，教师的德性从何而来？师德主要不是系统学习获得的，而是个人在活动和交往中的修炼与觉悟。也就是说，师德主要源于教师自己对教育工作的理解与追求，更多是教师在教育实践中的自我要求、自我完善和自我超越。如果说，师德规范是社会给教师规定的行为边界和努力方向，那么，师德修养则是教师自我的职业操守和精神成长。师德不是强制规定出来的，而是自己觉悟、修炼出来的。就此而论，师德和业务一样，都是教师自我提升的过程和结果。

教师道德自律的认识前提，是意识到教师工作的复杂性、重要性和示范性，而同情心、慈爱心则是重要的情感基础。设想一下，面对孩子天真无邪的目光，您是否会油然而生一种责任和担当？自己的一言一行都被孩子们所仿效，您是否会更加谨言慎行？当您意识到每堂课都是在帮助孩子打开文明之门、铺开未来之旅，是否会更加兢兢业业地工作？我们相信，面对此情此景，绝大多数老师都会有一种心灵的触动，都会激起自己内心的那份良知与热望，都会反思和调整自己的行为，这就是道德自律的表现。所以说，道德自律并不是高不可攀的举动，而是日常工作中的用心和努力。每天认真工作，努力做好每件事，这就是最好的道德自律，就是最好的师德实践，就是最温暖的师德表达。就此而论，师德不是看能背诵多少规范条款，而是看在工作中表现出来的良好习惯和优秀标准。真正的好老师，是基于优秀标准和良好习惯而努力工作的人。

（三）师德是一种内在力量

《学记》曾经明确提出一个观点：亲其师而信其道。用现在的话说，就是学生喜欢这个老师，就信他讲的道理。由此可见，受学生欢迎的老师，是真正富有教育力量的人。那么，学生究竟喜欢什么样的老师呢？

关于什么教师受学生欢迎的问题，国内外有不少调查研究，结论大同小异。网络上广为流传的一个典型案例是，美国学者保罗·韦地博士曾花40年时间收集9万学生的信，概括出成为好教师应该具备的12种素质：友善、尊重学生、学识、耐心、兴趣广泛、良好的仪表、公正、幽默感、良好的品性、对个人的关注、宽容、教育方法得当。保罗·韦地的这个研究，可以说是同类研究中比较经典的案例，这些结论想必不少老师也都熟悉。这项调查说明了什么呢？简单地说就是，一个好的老师是个人魅力、人格修养和教育能力的有机结合。这和我国从古以来就强调的教师学行并高的思想是非常吻合的，说明中外对好老师的理解没有本质差异。在好老师应具备的12项素养中，友善、尊重、公正、良好的品性、宽容这五项都属于师德修养范畴，可见高尚师德是一个老师为学生所拥戴的关键因素。

在此，我们想强调一个观点：师德赋予教师以力量。也就是说，师德修养高，教师的教育行为就会产生真正的力量和作用。一个老师学问高，就可以授业解惑，引领学生进入人类文化海洋遨游；一个老师德行高，就能给人以信任感、价值感，从而产生以身示范的教育影响。教育作为传递社会真、善、美的活动，需要言行合一的榜样，而教师自然而然就是学生仿效的榜样。教师师德修养好，他的所教和所行自然合拍，言行互相印证，说服力就强，威信力就高；反之，教师师德修养差，他的所教和所行就会脱节，言行相互冲突，说服力就弱，威信就低。试想，有几个人会发自内心去佩服一个心口不一的伪君子，相信他讲的道理呢？而一个言出必行的老师，他的身上就会自然散发出一种力量、一种威信。试想，一个从不钻研业务、天天游手好闲的老师，他对学生提出的刻苦学习要求又能有多大感召力？反之，一个认真负责、精益求精的老师，他自身就是学生刻苦学习的榜样。由此可见，要做一个好老师，要使教育有实效，言教与身教就必须统一，而身教就是师德修养在教育活动中的自然表现。没有良好的师德，身教就无从谈起，教育也就没有内在的力量。

师德身教的确是一种伟大的教育力量。在历史上，一些伟大教育家的事迹最能充分说明这一点。这里给大家讲一个王夫之的故事。

王夫之与"从游诸子"，讲所注《礼记》，常常夜谈至于鸡鸣。有一天夜里，北风呼啸，寒冷异常，而讲学不止，有盗贼者至，"窃听而异之，相戒无犯焉"。他的教学精神，感动了盗贼。[①]

王夫之是明末清初伟大的思想家和教育家，由于他抵抗清朝统治，生活很不安定，非常清贫。但是，他不避艰险，潜心钻研学理，全力讲学授业，与学生同甘共苦，谱写了学而不厌、诲人不倦的新篇章，甚至感动了到他家行窃的小偷。

究竟是《礼记》的相关内容感动了盗贼，还是王夫之的高尚人格打动了盗

---

① 毛礼锐，沈灌群. 中国教育通史（第三卷）[M]. 济南：山东教育出版社，1987：555.

贼，现在已经无从考究。但毋庸置疑，王夫之对学问的执着、对讲学的热心，的确表现出一种巨大的精神力量和教育力量，是令人敬佩的。我们作为普通老师，自然不能攀比历史名人，但是，历史名人的所作所为，却指明了我们努力的方向：真诚追求学问，诚心对待学生，热心言传身教，这就是一个好老师的精神品格。只要一直朝这个方向努力，我们就会日益具有令人信服的教育力量，就会不断赢得社会大众的尊重和赞许！

思考与分享

阅读下面材料，从中体会作者对教育的认识及对师德要求的理解。您是否认同这些观点？

我们是否配得上学生[①]

生活中，我们常听到"配得上"或"配不上"的说法，大多时候都是特指男女婚恋关系。试想，一个人说，"你配不上自己的恋人"，该会引起何等强烈的反应！

最近，跟一位做教师培训工作的朋友聊天。他说，作为教师，应该常常问自己，我们是否配得上自己的学生。

今天，又听到一位专家在讲座时这样发问——"可以进一步追问：我是否拥有配得上教师这个职业特有的精神生活？"

两位都是教育学者，言论中都有"配得上"一词。面对教师，无论是以文字的形式，还是言语的方式，道出这3个字，都是需要一番勇气的。闹不好，就会被"拍砖"。

那么，在现实生活中，我们是否配得上自己的学生呢？

在师生这对关系中，师者应以其学养高、修养好而为师，生者因其有所不知、有所不智而为生。从这一意义上说，《论语》中"三人行，必有我师焉""不耻下问"的观点更为丰实和深刻。

作为教师的前提至少有二：一是学养高，这是底线。但如今，由于学习渠道的广阔，学习资源的丰富，以及部分学生家庭教育的作用，往往"弟子不必不如

---

① 张芳军. 我们是否配得上学生［N］. 中国教师报，2014-11-9（14）.

师"成为一种不得不面对的现实。这段时间，我让孩子们背诵《论语》，并许之以各种诱惑。学生小PU说："我已经背完了。"我还没来得及惊讶，他接着说，《大学》《中庸》他也快背完了。我彻底冒汗了：要不是暑假心血来潮买了本《四书五经》，在这孩子面前还不是要露怯了？我当着全班学生的面对小PU说，两三年之后，或许我就该拜你为师了！

其实，这样的情况并非偶然。为了课堂学习更有效，我们经常会让学生回家预习，查阅资料，个别用心的学生涉猎之广，研读之深，让教师望尘莫及。"热爱"真是让人敬畏的词，能痴迷于一件事，能潜心于一个问题，这样的孩子，他的将来怎么可能"不如师"，他的现在如何会"不如师"？在这样的境况下，作为师者，如果还仅仅停留在几本教材上，真会难以"对付"自己的学生，尤其是这些孩子中的"饱学之士"。所以，我们应该有这样的追求，努力攀登学科教学的高峰，拥有作为优秀学科教师的高度！

而做培训的师者言谈中的"配不上"，主要是指"站着教育之岗，想着非教育之道，做着非教育之事"的个别特殊教师。要么身在学校、心在外，要么身心都不在学校。正如电影《非诚勿扰》中葛优和舒淇所言：身体留在这里，心出去开小差！

作为教师的前提之二：修养好。这不是前提，而应该是一种追求。修养，紧密关联着"教师这个职业特有的精神生活"。华东师大教师李政涛说："如果一种职业不是让人愈发活力充沛，而是愈发消沉萎靡，那就的确要忧惧这个职业本身了。"教与学，应是"相互滋养"的过程。那么，师与生，是否应该成为"相互滋养"的共同体？

作为教师，最怕听到这样的赞美："人类灵魂的工程师""太阳底下最光辉的职业"。听一次，战栗一次。倒不是怀疑赞美者的真诚，而是深感教师的无奈——被社会舆论套上一个道德的枷锁而无释解之日。教师，首先是一个活生生的人，具体的人，有血有肉的人，一个有个性、有思想的人，一个有七情六欲、喜怒哀乐的人。然后，才是一名教师。当然，从另一个层面想，这样的道德枷锁对教师的修养提出了至高的标准。这样的标准，跟先圣孔子不无关联。他的温、良、恭、俭、让，他的"克己复礼"，他的"非礼勿视，非礼勿听，非礼勿言，非礼勿动"，他的"居处恭，执事敬，与人忠"，为后世树立了一个无法企及的师表。孔门后人，难矣！这样的标准，导引着我们努力实现这样的追求——将阳光的一面、谦和的一面、彬彬有礼的一面、孜孜不倦的一面、循循善诱的一面，展现在学生面前。

同样作为一名教师，我知道要做到这些十分不易，但我们还是应该时时提醒自己，跟"心平气和"相拥抱，跟"气急败坏"say bye-bye。

真爱自己，就培养自己修言修行、立品立德，让自己拥有"好教师"的风度，让自己配得上生命过往中的每一个学生！

三、师德是一种问心的道德

人们对待教师工作和师德规范，有两种不同的逻辑。一种逻辑是凡事都讲合理性，即强调权利与责任的均衡性。另一种逻辑是基于良心去做事，即使师德规范没有要求，也会尽心尽力把工作做好。一个好老师是基于外在规范做事，还是基于良心自觉做事？下面我们借鉴朱光潜先生关于"问心的道德"与"问理的道德"的区分，尝试对这个问题做些讨论。

（一）问心的道德与问理的道德

著名美学家朱光潜先生在20世纪20年代曾提出道德的二元区分：问心的道德与问理的道德。朱先生认为，道德的基础可能是理智，也可能是情感，因而，"一切道德也都可以有问心的和问理的分别"[1]。所谓问理的道德，就是建立在理智计算基础上的合理行为选择，强调的是根据外在规范体系，做出规范许可、赞赏的行动；而问心的道德，则是建立在真情驱动基础上的自觉行为，强调的是自我的问心无愧和心情愉悦。问理还是问心，是两种不同的道德选择依据，又是两种不同的道德境界。

从伦理学范畴看，问理还是问心的问题，直指道德的本体理解。也就是说，道德是一大堆规范条文，还是向善的内在意愿？这是探讨各种道德话题时所无法回避的根本问题。朱光潜先生提出道德究竟是问理还是问心的问题，其用意在于警示人们：道德主要不是源于外在的条文，而是源于内在的情感。他如此断言："问理的道德迫于外力，问心的道德激于衷情，问理而不问心的道德，只能给人类以束缚而不能给人类以幸福"，因而，"问理的道德虽亦不可少，而衡其价值，则在问心的道德之下"。[2]由此可见，他虽然也承认问理的道德有其价值，但更

---

[1] 朱光潜. 给青年的十二封信［M］. 桂林：广西师范大学出版社，2004：46.
[2] 朱光潜. 给青年的十二封信［M］. 桂林：广西师范大学出版社，2004：45，46.

主张道德的本质是问心的，认为问心的道德才是真正的道德。

从更广泛的意义上说，强调问心的道德，这是中华文化的重要传统。在日常生活中，人们常说做人要有良心，做事要问心无愧，相处要将心比心；在儒家学说中，强调君子慎独、反躬自省、正心诚意，如此等等。朱光潜先生在20世纪20年代强调道德重在问心，体现了对中国文化传统的存续，也有匡正时弊的积极意义。

（二）教育是一种问心的事业

究竟是基于外在规范还是内心自觉去做教育？这是广大教师经常困惑的问题。毫无疑问，外在规范是整个教育系统的规矩和章法，对正确处理各种教育矛盾提供了基本的社会理据，是非常必要的。但是，在现实教育生活中，仅靠教育的外在规范并不能真正解决教育行为的具体决策问题。教师的工作投入，是很难外在计量的，更多是良知和自觉而不是外在约束力量在支撑教师工作。因而，教师工作固然有问理的方面，但更多是问心的事业。

2015年1月，笔者应邀到广东省东莞市的一所小学去做交流。这所学校的校长梁先生是我多年的老朋友，因而交流非常坦诚和随意。梁校长介绍了学校这些年的改革探索，内容非常丰富。他说，教育就是一件良心活，不是做给别人看的，而是要真正给予孩子一些一辈子受用的东西。我问他，哪些东西对孩子是最重要的？他的回答是，最重要的是三个东西：身体健康，良好习惯，阅读活动。[①]

说实话，这次去广东做交流，给笔者留下了很深的印象。这所学校的各项工作，都做得很到位，有许多创新举措。但更可贵的是，学校所有员工都是秉着良心做事，是真心把教育作为事业来做。

在教育界，人们经常辩论教育究竟是职业还是事业。事实上，人们可以把自己从事的每一种职业都作为一种事业来追求，而任何事业也总是社会分工体系中的一种职业。就此而论，职业和事业之间很难简单区分。但把本职工作视为职业还是事业，其道德意义是截然不同的。简单地说，把工作视为职业，就是把工作视为谋生的手段，时时刻刻严格按照职业规范行事，这是一种问理的道德。举一个简单的例子：《中小学教师职业道德规范（2008年修订）》第二条规定，教师要"认真备课上课，认真批改作业，认真辅导学生"，请问，"认真"的程度该

---

① 根据笔者访谈该校梁校长的录音整理。

如何具体衡量？在国庆长假期间，教师有无必要花时间去备课？在放学以后，教师是否要辅导没有完成作业的学生？如果按照劳动法的规定，节假日或下班后的时间属于个人休息、休闲时间，教师完全没有义务无偿备课和辅导学生。这种概念理解和处置方式，遵循的就是问理的道德。作为问理的道德，工作时间和休息时间是截然区分的，工作时间认真工作，休息时间不操心工作，这是天经地义的事情。因而，上课不能迟到早退，上班时间不能聊天逛街，学生作业必须按时批改，这是教师应尽的义务；与此同时，非工作时间则不用操心工作上的事情，节假日不备课，下班后不辅导学生，也是合情合理的。但是，大量的事实证明，遵循问理的逻辑，仅仅把教育作为一种职业来做，是很难搞好教育的。这是因为，教育作为一种全方位培养人的综合活动，一种用心灵感染心灵、道德影响道德的文明生活，很难划出工作的边界、时限和方式，教师对教学业务的研究、对学生发展的关切、对自身修养的提升，是永无止境的。试想，如果一个教师仅抱着上班做事、下班休息的职场心态做工作，他如何成长为具有理想信念、道德情操、扎实学识和仁爱之心的值得人人敬仰的"好老师"呢？由此可见，不能把教育简单地理解为谋生的职业，不能简单遵循着问理的道德来做教育。

著名教育家林崇德先生指出："教师的工作绝非一种平常的谋生职业，教师的职业，就是教师的专业，也是教师的'教书育人'的事业。"[1]这是我们对待教育工作应该坚持的一种正确态度。把工作视为事业，就是把工作视为人生奋斗的目标，视为自我实现的追求，全心全意、全力以赴做好工作，这是一种问心的道德。还以上面提到的"认真备课上课，认真批改作业，认真辅导学生"规范为例。在现实生活中，为什么有那么多的教师牺牲公假时间、休息时间去备课、辅导学生，以至于大家对此都习以为常了？这是因为，许多教师朋友是抱着问心的道德在做教育的。作为问心的道德，认真工作意味着尽善尽美、精益求精，只问事情是否该做而不问事情是否发生在工作时间内，于是，牺牲节假日备课、放学后无偿辅导学生的事情，也就大量而自然地发生了。由此可见，把教育视为事业，就会形成不同于外在规约的自我要求，产生一种基于内心自觉的工作投入与爱心付出。这才是师德的真谛，是做好教育工作的根本保障。

---

[1] 林崇德. 基于中华民族文化的师德观［J］. 西南大学学报（社会科学版），2014（1）.

（三）做一个尽心尽力的教师

既然教育是一种问心的事业，那么，教师就必须坚守问心的道德立场，尽心尽力做好教育工作。这是师德规范的核心要求，是一个好教师的基本标志。

重视师德建设，是世界各国教育改革发展的共同趋势。但是，不同国家的师德取向，又有明显的问理与问心的区分。总体来看，西方的教师专业伦理规范主要属于问理的道德，职责分明、易行可控，是典型的底线伦理规范；我国的教师职业道德规范属于问心的道德，强调教师的综合修养和全身心投入，是典型的引导型伦理规范。例如，我国2008年颁布的《中小学教师职业道德规范》，共有六大条目，分别是爱国守法、爱岗敬业、关爱学生、教书育人、为人师表、终身学习。在这些条目中，虽然也有"不得有违背党和国家方针政策的言行""不得敷衍塞责""不讽刺、挖苦、歧视学生，不体罚或变相体罚学生""不以分数作为评价学生的唯一标准""自觉抵制有偿家教，不利用职务便利谋取私利"等易行可控的道德禁令，但总体来说，更强调"热爱祖国，热爱人民""甘为人梯，乐于奉献""对学生严慈相济，做学生良师益友""循循善诱，诲人不倦，因材施教""严于律己，以身作则""潜心钻研业务，勇于探索创新"等正面引导的伦理规范。由此可见，我国的教师职业道德规范，其本质是问心的道德。

由于我国教师职业道德规范本质上是问心的道德，因而，师德修养的关键就在于教师良心的发现、坚守和升华，即尽心尽力去做教育。这具体体现为如下三点：富有爱心、做事尽心、修炼慧心。

第一，爱心是师德的灵魂。教育是人类文明传承的机制，是社会文明进步的动力，是国家繁荣昌盛的根基，是个体身心健康发展、幸福生活的源泉。这是教育的本体价值所在，也是师德规范的价值诉求。真正的师德，源自对人类文明、国家富强、社会进步、个人幸福的真诚热爱。我国的师德规范，结合时代要求和教育实践状况，从爱国守法、爱岗敬业、关爱学生三个层面对教师的爱心提出了引导性规范。其中，爱国守法是在宏观层次提出的教师之爱，强调教师要深刻体认自己肩负的促进国家繁荣进步的社会使命，做一个爱国守法的社会楷模。爱岗敬业和关爱学生是从微观层面提出的教师之爱，强调的是对待工作和对待学生的热情态度和关爱行为。"师爱在性质上是一种只讲付出不计回报的、无私的、广泛且没有血缘关系的爱""爱自己的孩子是本能，爱别人的孩子是神圣。"①因而，作为一名教师，贵在超越本能情感，努力形成对所有孩子的关爱真情。这依靠教师心灵的自我超越，即基于对自己工作意义的价值体认而产生、升华出一种博大的仁爱之心。这种仁爱之心，背后隐含着对真、善、美的执着追求，对文明进步的虔诚信念。博大的仁爱之心，乃是师德之魂，拥有了仁爱之心，就能"俯首甘为孺子牛"，就有了做好教育工作的不竭动力。

第二，尽心是师德的尺度。教师工作具有复杂性、示范性、创造性，要求教师拥有尽心做事的态度。尽心做事是教师对学生的行为示范，是应对教育复杂性的策略，更是教育创新的前提。因而，尽心与否，是衡量师德高下的一个核心指标。当年陶行知先生以"捧着一颗心来，不带半根草去"的奉献精神，全心全意探索平民教育、乡村教育、生活教育的道路，为我们树立了尽心尽力做教育的典范。在我们的现实生活中，也涌现出了很多坚守平凡岗位、几十年如一日尽心尽力做教育的道德楷模。在我们的后面章节，会涉及不少这种我们身边的活生生的模范人物的事迹。不可否认，每个老师的精力和水平是有差异的，但只要是师德高尚的老师，必定是抱着恪尽职守、全心全意的态度去努力工作和学习的，总是会把主要精力放在工作上，总是会力求把事情做得尽可能科学、合理、高效、文明。例如，在终身学习方面，一个尽心的教师，必定会敏锐关注和努力掌握任教学科的前沿知识、各种各样的教学改进探索、课程教学理论的最新发展，并努力把所学用于自己的教育教学工作中。在教书育人方面，一个尽心的教师，必定会注意观察学生的言行，经常了解学生的需要，积极努力给学生创造发展的空间和机会，不断反思改进自己的工作方法。总之，做事尽心，这不仅是优秀教师的共同品质，更是师德高下的行为标尺。

第三，慧心是师德的艺术表现。所谓慧心，就是做好教育工作的智慧之心，即把握教育工作的分寸、时机和方式的能力。没有慧心做支持，爱心难免有心无力，尽心难免事倍功半。为什么在现实的教育生活中，经常出现好心办坏事的憾事？究其根源，就是爱心讲得多而慧心讲得少。例如，一个老师发现班上学生有早恋迹象，他应该把学生叫到办公室严厉批评一顿，还是应该通知学生家长？不论是批评学生还是通知家长，教师本身都是抱着一颗爱心在尽力工作，都是在积极践行教师的责任。但是，这样做会有好结果吗？结果恐怕会事与愿违。这说明，教师光有爱

① 林崇德. 基于中华民族文化的师德观 [J]. 西南大学学报（社会科学版），2014（1）.

心和尽力是不够的。要做好工作，还得有一颗慧心。慧心是把各种职业道德规范巧妙落实到实际工作中的关键能力，其重点是分寸的把握、时机的洞察、方式方法的优选构造。例如，严慈相济是关爱学生的一个具体要求，假设学生犯了一个错误，是从严处理，还是宽容饶恕？严与慈的尺度如何把握？这就需要教师审时度势，分析清楚错误的性质、成因、后果，学生本人的特点、态度和表现，以及相应规则规章，才能合理拿捏分寸，灵活选择一种最符合教育要求的处置方式。慧心需要不断地修炼，而理论学习、案例研讨、经验反思等都是行之有效的修炼途径。

总之，教育是一件良心活，需要每个教师基于内心自觉去尽心尽力地工作。教师的良心体现为博大深厚的仁爱情怀、全力以赴的工作精神、精细灵动的智慧之心。用心做教师即基于良心做教育，这就是真正的师德，是真正的道德自觉。

（四）营造用心做教育的社会条件

如上所述，教育是需要教师尽心尽力去做的事业。为此，需要在全社会营造一种真心善待教育、尊师重教的良好氛围。

在当今时代，自然有不少真心善待教育、尊师重教的社会人士，但就整个社会环境而言，却远没有形成一种真心善待教育、尊师重教的良好氛围。设想一下，当教师节到来的时候，各种媒体铺天盖地展示的，不是对教师的嘘寒问暖和生存状况的关切，却是种种吸引眼球的师德丑闻大曝光，请问，如果您是一个教师，是否会对社会传媒寒心不已？当某些领导、专家们在各种场合大讲特讲教师要尊重学生、平等对待学生的时候，他自己是否真正将尊重教师、平等对待教师放在心间？当看到教师们拿着与农民工一样的微薄工资辛勤工作，甚至不得不上街讨薪的时候，又有多少人心中真正涌起过一点同情之心、愧疚之意？问心的道德强调的是将心比心，当社会大众对教师提出种种要求、进行道德谴责的时候，可否反躬自问一下：我做得怎么样？如果我们都习惯于高标准要求别人，自己却从不行善积德，那么，社会文明进步从何谈起？支持、关爱教育的良好环境从何而来？

其实，从广义上说，每个人都是教师，都在一定程度上扮演着教师的角色。作为家长，我们是孩子的第一任老师；作为社会成员，"三人行，必有我师焉"。因而，问心的师德要求，也是每个家长、每个社会成员应该努力践行的规范。我们不妨扪心自问：作为家长，自己的言行是否给孩子做出了好的榜样？是否真心关注过孩子的心灵成长？作为社会成员，我们对他人是否真有爱心，对工作是否尽职尽责？如果我们每个人都能秉承爱心、尽心、慧心去工作、生活和交往，我们的国家和社会就会彰显出真、善、美的伟大力量，学校教育和社会环境就会形成巨大合力，这样，社会主义核心价值观就会深入人心，学生身心全面发展就会不断变成现实。

让我们共同努力，用心做教师，更用心做一个大写的现代好人！

思考与分享

下文是2011年度全国教书育人楷模李吉林老师对教师职业与教育工作的理解。品读这几段话，从中体会李吉林老师是如何做到心中装着孩子、用心做教师的。

如诗如画①

人们常用"如诗如画"来比喻世间美不可言的、令人憧憬的境界。

没有当过教师的人，大概想不到"如诗如画"的境界可以与教师的工作相联系，那是因为教师太累，生活又清苦。于是，就有了"教师如同蜡烛，照亮了别人，毁灭了自己"的比喻，就有了《红烛颂歌》《烛光》等讴歌教师的篇章。当然也就有了用李商隐咏"春蚕"的名句来赞美教师的最为彻底的无私奉献。然而，这些比喻都不免有些伤感，甚觉凄凉。

其实，当教师的乐趣是难以言喻的。我当了30多年的教师，深感当教师远比蜡烛永恒，照亮了别人，升华了自己；即便是比作"春蚕"，也绝不是"春蚕到死丝方尽"，而是丝虽尽，却身不死。蚕化作蛹，蛹变成蛾，蛾又孕育出蚕宝宝，无穷无尽……那真是如诗如画！——而且是长长的"画卷"；是叙事、抒情融于一体的"诗集"。

……30多年过去了，我从没有左顾右盼，我坚信自己的选择。我用自己的智慧和心血，为千百个孩子的健康成长，做了应做的工作。这在人生价值的天平上，绝不是一个微量的砝码！我和许多老师一样，用青春，用人生黄金的岁月，在那"画卷"里，在那"诗集"里，绘上最鲜明的色彩、最美好的形象，写下了灿烂的诗句，那里边浸透着我们和学生的多少情和爱！

---

① 教育部新闻办公室. 幸福在心——走进2011年度全国教书育人楷模［M］. 北京：教育科学出版社，2012：45.

第二章

师德建设的新取向

"善之本在教，教之本在师"。作为拥有五千年文明史的礼仪之邦，我国有着尊师重教的优良传统。早在春秋时期，著名教育家孔子就提出了"言传身教""以身作则"等著名论断，要求教师达到"德高""身正"等个人道德境界。新中国成立后，党和国家更是高度重视并积极开展教师职业道德建设工作，取得了一系列可喜的进展和傲人的成绩。然而，随着历史的推进、社会的发展，尤其是在当前市场经济飞速发展、多元文化不断凸显的社会转型时期，师德建设更是呈现出与以往不同的特点和各种新的矛盾。这更需要我们以与时俱进的眼光，统筹师德建设，使其适应社会环境的变化，满足社会发展和教育进步的新要求。应该说，新的时期、新的条件下来探讨师德建设，可以切入的角度很多。在本章有限的篇幅中，我们不可能全面铺开，仅提出师德建设的两大新取向，即师德的专业化和人本化，来对新时期师德建设问题进行一些简要剖析。

一、迈向专业化的师德建设

"教师是一种专业"，这一看法目前已经被越来越多的人所认可和接受，师德建设也一直是我国教育领域所关注的重大问题，但就目前而言，师德建设的专业性还有很大的提升空间。无论是师德规范文本，还是师德培训方式，都存在一定的泛化和笼统倾向，没有很好地突出师德的专业内涵。教师在阅读规范和参与培训的过程中，经常会有一种"事不关己，高高挂起"的置身事外之感，或者被一些假大空的政治口号弄得昏昏欲睡。实际上，相关部门对师德建设投入了大量的人力、物力，教师在这上面也没少花费精力，而最终的收效却着实令人失望。师德建设可谓是"雷声大，雨点小"，每年都轰轰烈烈地开展了，但教师的心田却没有得到甘霖的滋润，自然也产生不了什么喜人的变化。最后师德建设失效的责任还往往落在了教师身上，说什么教师的个人觉悟低、道德修养差，大有一种"孺子不可教也"的意味，寒了老师们的心，伤了老师们的情。殊不知，导致这些问题的原因并不全在教师，而更多是由师德建设自身缺乏专业性造成的。

因此，新时期师德建设的首要任务，就是进一步提升自身的专业化水平，开展符合教师职业发展与道德发展规律的师德建设，为教师排忧解难，帮助他们更好地践行师德规范，提升师德素养。

（一）师德规范要走出"一纸空文"的困境

师德建设的专业化，首先体现为师德内容的专业化，而师德规范则是师德内容的重要载体。我国向来十分重视师德规范的制定，大到国家，小到地方、学校，对于师德都有自己的规定和建议。但这种种规范下达到教师手中之时，却往往沦为一纸空文，并没有引起教师的共鸣。我们经常可以看到老师办公桌上的一摞摞书下压了各种政策文件，但似乎少有翻看的痕迹。老师们也坦言，对于这些文件只是随手一放，"反正每年都是陈词滥调，早就习以为常了。况且对我们自己工作的帮助也不大，谁还会去关注这些虚头巴脑的条条框框？"

综观我国现有的师德规范文本，其内容确实较为空泛、抽象。提及师德，教师所熟稔的便是"爱岗敬业""关爱学生""尊重家长"等概括化的道德训令。这些口号化的德目规范，喊起来自然是响亮的，但对于师德实践是否真能有所助益，却是令人怀疑的。

首先，这些规范多以政治作为出发点，源于社会对于教育的需要以及教育对于教师的要求，是一种自上而下的行为规约，缺少对于教师个人和其职业生活特点的考虑，难免让人有种隔靴搔痒的感觉。

其次，这些规范与其他行业道德规范的区分度不足，并没有很好地表现出教师的职业特性，很多都是一些社会共识，并不能为教师提供富有针对性的帮助。师德首先是基于教师的道德，是"教师和一切教育工作者在从事教育活动时必须遵守的道德规范和行为准则，以及与之相适应的道德观念、情操和品质"①。但当前的师德规范，却往往更重视"德"，而忽略了"师"。如《中小学教师职业道德规范》总共罗列了"依法执教""爱岗敬业""热爱学生""严谨治学""团结协作""尊重家长""廉洁从教""为人师表"8个德目，其中，"依法执×""团结协作""廉洁从×"等条目，只要将主题词替换一下，就可以马上变成其他职业的规范，从中很难看出教师的专业特性。②何谓教师的专业特性呢？举例来说，社会中强调人人平等，每个人都应该享有相同的权利，但是在教育领域，就不能仅仅做到"形式平等"，教师不仅要"一视同仁"，更要"因材施教"，做到"实质公平"，这就是教师职业道德的特殊性。然而，规范解读往往只限于对文本字面意思的解释，而没有考虑到教育情境的特殊要求，使教师在阅读过程中不禁生出疏离感，自然不想在"书堆中多看它们一眼"，师德规范也就成了一种可有可无的摆设。

最后，有些师德规范并没有抓住师德的核心，只是在表面上做文章，难免让人感到治标不治本。道德是一种发乎其内的东西，源于道德主体的反躬自省，而不仅仅是外显的装束或刻意的行为。但现在很多的规范，却大有将师德建设引入表现化歧途的趋势。比如，《广州市教师职业道德规范读本》一经发布，便在网上引起了一阵热议，人们对于这种看似细致入微的规范也莫衷一是。《广州市教师职业道德规范读本》从"道德""礼仪""廉洁"三个方面对师德规范进行了解读，并为教师群体量身定做了"101条行为准则"，其中有这样的规定："办公桌面上要尽量简洁，不要将丈夫（妻子）孩子的照片及其他很私人化的摆设放在台面上；男教师袜子的长度要够长，如果在坐下时，从袜子和裤子之间露出一节长毛的小腿是很不雅观的，无论皮鞋档次如何，一定要擦得光泽；女教师不要穿露背、低胸、露肚脐等性感服装，同时要注意全身上下衣物不超过三种颜色……"按照这些规定，教师不仅仅是知识道德师表，就连私生活都有章可循。消息一经公布，立即在网上引发热议。腾讯微博对此发起了相关投票，其中约有46%的用

---

① 檀传宝. 走向新师德——师德现状与教师专业道德建设研究［M］. 北京：北京师范大学出版社，2012：21.
② 参见檀传宝. 走向新师德——师德现状与教师专业道德建设研究［M］. 北京：北京师范大学出版社，2012：14.

户对"101条师德规范"提出了质疑，觉得过分强调外表是本末倒置，也有27%的人投了赞成票，因为这些规则都是基本礼仪，为人师表需端正仪表才能教书育人。[1]实际上，大部分教师对于自己的形象都有一定的自我约束，虽然没有读本中写的这样考究，但也足够得体；而且，大部分学生对于老师的打扮并不是很感冒，认为"老师的'人'本身更重要，大家更喜欢对学生有亲和力的老师，外表不是最大的问题"[2]。"为人师表"是师德建设强调的重要内容，但是这里的"表"是"表率"的意思，而这种表率其实更多在于教师个人魅力对学生的感染，而不是简单的"外表"问题。师德规范若过分关注这些外在的东西，就必然会在专业师德的外围打转，很难触及师德的根本，自然无法融进教师的内心。

（二）师德培训亟待提升专业品性

师德规范主要关涉师德建设的内容问题，而师德建设的途径则主要诉诸师德培训。而师德培训的效果究竟如何？或许很难简单下定论。毕竟，道德提升是个日积月累的过程，不是靠一次或几次培训就能明显见效的；影响道德的因素也是多样的，不能说某位教师自身素养的提升就是师德培训的功劳。但是，每每问及教师对于师德培训的感受之后，他们含糊的言语、失落的眼神和疲惫的神情，总会向我们透露出败兴而归之感。在这里，用"败兴而归"这个词形容师德培训，并不是危言耸听。我们相信很多人都见过培训者或领导在台上侃侃而谈，台下的教师或托腮发呆，或自顾自玩着手机、Ipad的场景，有些老师还相互打趣说："又要培训了，得赶紧把手机电充满，不然一会儿可就无聊咯！"对于这种情况，我们不禁要问：师德培训究竟怎么了？为什么投入了大量人力、物力的培训，非但没有促进教师的成长，反而成了他们的负担？

在综合了教师的抱怨和自身的感受之后，作为师德建设重要途径的师德培训，也存在缺乏专业性的问题，主要表现在以下三个方面。

一是师德培训的泛化，师德培训目标和内容"假大空"，严重脱离教师的日常工作和生活。当前的师德培训中充斥着大量的官话、套话，培训者拿着一

---

① 参见刘效仁. 有比穿衣戴帽更重要的师德规范［DB/OL］. http://news.xinhuanet.com/edu/2011-12/02/c_122366059.htm，2015-2-1.

② 广东教师职业道德规范建议引热议老师有点"囧"［DB/OL］. http://teacher.eol.cn/re_dian_ping_shuo_58/20111202/t20111202_714099_3.shtml，2015-2-6.

沓政策文件，采取一种高高在上的训诫态度，对教师进行道德训教。老师听着这些早已烂熟于心的陈词滥调，在下面昏昏欲睡，大好时光就这样被白白浪费了。实际上，师德的泛政治化问题事出有因，且由来已久。具体而言，教师一职自发展之初就被赋予了明确的政治取向，早期的教师与官员合二为一，教师本身就承担着政治职责；到了春秋战国时期，教师逐渐从官吏之中分离出来，成为独立的职业，师德也由此从官德中分化出来，成为相对独立的职业道德，但也一直带有较为浓厚的政治气息。①新中国成立以来，我国师德建设工作更是被不时送上政治运动的舞台。很多师德建设工作，就是为了引导教师进行政治学习，参加政治运动。尤其是在20世纪50年代，政治思想可以说成了师德建设的全部内容。"由于泛政治化的影响，传统师德建设的研究与实践往往将师德与教师个人的政治思想混为一谈，这是传统师德建设中的一个误区"②，也是当下师德建设应当引以为戒的地方。总是用一套政治性的思想观念与话语体系阐释师德规范，无疑，这些观念自然非常重要，不论是对社会还是对个人发展都起着统领作用，但毕竟与教师日常的教育生活相隔甚远。而且单单拿这些政策条款和政治观念说事儿，人情味也大打折扣，往往还会给教师造成较大的思想压力，产生抵触与反感。

二是师德培训的同质化。这种同质化主要表现在两个方面：一是每次培训内容和形式都大同小异，相似度极高。就像上面讲过的，培训总是以一大堆官话、套话开篇，讲讲社会主义核心价值观，树立几个典型，而这些典型也基本都是不在乎薪水微薄，宁愿自己省吃俭用仍要夜以继日忘我奋斗在教学一线的苦行僧，或是为了学生牺牲个人幸福和家庭幸福乃至自己生命的英雄人物。也许第一次听来还有些触动，但"今天的培训如果总是重复着昨天的故事"，就只会让老师觉得麻木，觉得"腻耳"。而培训的形式也无外乎是开开大会，听听报告，看看视频，最后再交份作业。我们身边的不少老师都反映，这些作业就像是思想汇报一般，写起来无聊得很，也没什么实际帮助，自己就是糊弄糊弄，到网上查点资料拼凑一下了事。不少培训者对老师的这种行为表示不满，却没有反思为什么本应勤学好问的老师，最后竟变成了走神敷衍的"差学生"。

---

① 参见黎平辉，郭文. 社会转型时期我国师德师风内涵的再界定 [J]. 现代教育科学，2011（2）.
② 周丹. 专业化：传统师德向现代师德的转型 [J]. 教育探索，2006（1）.

二是培训内容并没有根据不同发展阶段教师的需求设定，而是所有教师都一锅烩。实际上，"一个教师在其职业生涯的不同阶段，有着不同的发展特点与心理需求，面临着不同的道德危机和需要解决的各种道德冲突。"[1]如果不考虑老师的不同需求，只是进行整齐划一的培训，那么绝大多数老师都不会有切己的感觉，也难以收到良好的效果。有研究者曾就教师专业发展不同阶段的道德专业发展特征进行过讨论，认为在教师专业发展的第一阶段入职期（从教0～4年），教师对即将要从事的职业、对于恪守"专业道德"一般都持有非常积极的态度，但此时大多数教师尚处于依从性的道德学习状态，容易产生懈怠的情绪，对于专业道德的认同有下降趋势；第二阶段为发展期（从教5～16年），教师个体对于专业道德的认同也逐渐向"认同性道德学习"状态过渡；第三阶段为停滞期或重新评估期（从教17～21年），教师的"认同性道德学习状态"可能正在完成一个内部的整合，正积攒力量以完成从"他律"到"自律"的质变；第四个阶段为稳定期（从教22～27年），教师一般多处于一个比较稳定的高水平的认同阶段，一些教师专业道德的学习状态向"信奉性道德学习状态"转化，个体对于专业道德的认同逐渐提升为价值内化；第五阶段为保守期（从教28年以上），许多教师的职业心态开始下滑，开始为退休、离职做心理上的准备，但其专业道德基本上还是处于一个稳定的"信奉性道德学习状态"。[2]我们就可以根据教师在不同阶段的师德特点和发展需要，为教师安排侧重点以及频率不同的培训，满足不同教师群体的需求，切实发挥师德培训的作用。总之，如果师德培训总是遵照较为统一的模式，不因时因人而异，那么对于教师而言就不仅是"败兴而归"，以后恐怕连"乘兴而去"的心情也没有了。

三是师德培训的灌输化。正如上一章提到的，美德主要不是靠系统学习获得的，而是个人在活动和交往中的修炼与自觉。综观当下的师德培训，虽然看起来形式丰富，但实际上仍然停留在认知层面，多为对教师的说教，灌输的痕迹较为明显。从渊源上看，这种灌输化的教育可以追溯到程朱理学的"知行说"，这一学说强调"外求"和"知先行后"，认为道德规范可以在师生之间运行、传递。[3]然而，"直接的道德教学，只能帮助学习者形成关于道德的观

---

① 陈韵妃. 回到"人"：师德培训课程整体架构的思考［J］. 当代教育科学，2014（17）.

② 参见王丽娟. 教师专业道德的发展阶段初探［D］. 北京：北京师范大学，2003.

③ 参见于进，于源溟. 从灌输到交往：师德培训问题的对策［J］. 当代教育科学，2014（10）.

念，而不能形成道德观念"[①]。但我们的师德培训，却还是常常让老师们进行理论学习，阅读政策文本和先进榜样案例，在这个过程中，老师是听得多、看得多，想得少、做得少，道德规范仍然没有内化为教师自身的知、情、意、行。另外，这种灌输化的培训方式，往往还会使已经具有反思精神和批判意识的参训教师产生抵触情绪，也许本来认为培训者所谈的内容有一定道理，但就像是青春期少年经常有的逆反心理似的，非要唱点儿反调，最终造成师德培训的低效，甚至负效。这就暗示我们，师德培训的灌输化不仅会导致事倍功半，更可能会适得其反。科尔伯格就曾说过，"灌输既不是一种教授道德的方法，也不是一种道德的教学方法"。师德培训也是如此，它并非是"教育"与"被教育"，而是分享、点燃、激励和唤醒[②]。一个真正有意义的师德培训，应当能够让教师收获智慧上的启迪，体味情感上的激荡，并能够将这种种切实运用到自己的师德实践中去。按我们的理解，所谓师德培训，并不是让教师接受训诫，而是陪同、引领教师走过一段心灵之旅，帮助教师冲破教育教学过程中的道德困境，在柳暗花明中遇到新生的自我。师德培训要为教师传递正能量，而这显然是道德说教力所不及的。总之，当前我们的师德培训，必须要走出灌输化的泥淖，只有这样，才能帮助教师成为一名温暖的师德实践者。关于这一问题，在本书的第六章还会做进一步的分析讨论。

（三）专业化师德建设的若干思考

遭受忽视的师德规范和兴味不足的师德培训，可以说是我们当前师德建设的常见问题。它们的存在，罔顾社会和学校的一片苦心，浪费了教师的时间和精力，并最终造成了师德建设的低效。那么，究竟是什么让我们描绘的师德建设蓝图化为虚无的泡影呢？其实，细细看来，无论是师德规范的抽象、空泛，专业区分度不足和专注表面功夫，还是师德培训的泛化、同质化和灌输化，归根结底都是没有抓住师德的核心，没有在专业的层面上对师德建设进行合理定位造成的。因而我们认为，要想推动当前师德建设走出低效的阴影，就必须使其走上一条专业化的发展道路。

[①] 高德胜. 生活德育论［M］. 北京：人民教育出版社，2005：237.
[②] 参见黄佑生. 教师立场：师德培训的应然视角［J］. 中小学德育，2014（11）.

所谓职业的专业性，简而言之，就是要突出某一职业与其他职业相比的特殊性。师德专业性也是如此，就是要突出教师职业道德相对于其他职业道德的特殊之处。实际上，师德专业化已不是一个新鲜的名词，在教师知识和技能专业化渐趋成熟、师德实践问题不断暴露之时，人们对于教师专业化的研究，就开始向教师专业道德层面拓展。师德专业化是伴随着肇始于18世纪中期的教师专业化运动而不断推进的，到了20世纪下半叶，将教师职业伦理道德的探讨纳入教师专业化研究，便成了国际上的普遍做法。尤其是教育学、心理学和伦理学相关研究的深入，更为人们进一步思考师德专业化问题提供了充足的条件。概而言之，师德专业化的实质，就是从经验型师德不断向专业型师德跃升的科学化过程。教师有着特定的职业发展与道德发展规律，而我们在进行师德建设时必须遵循这样的规律，加强师德的专业化。

那么，如何才能迈向专业化师德建设之路呢？首先，我们必须明确师德规范和师德培训与其他行业规范和职业道德培训的差异，回归到教师的职业生活，立足于教育教学现场，面向教师遭遇的现实困境，开展师德建设工作。在师德规范建立方面，要"强调从专业特点出发讨论伦理规范的建立，而不再是一般道德在教育行业里的简单演绎与应用；所建立的伦理标准要有较为充足的专业和理论依据，充分考虑教师专业工作和专业发展的特点与实际；师德规范在内容上全面、具体、规范，要求适中"。[①]诚然，像"热爱祖国""爱岗敬业"之类的道德规范，是各行各业的从业者都应当遵守的共同准则。但是"共同"不代表"相同"，当这些普遍适用的道德规范投射到教育领域中时，一定会显现出这个领域所特有的内涵。我们对于师德规范的解读就应当在这些差异上做文章，而不是一再重申那些众所周知的、宏观而上位的政策原则。美国的《教育专业伦理规范》就开宗明义地指出，"教师专业伦理规范的核心就是确保学与教的自由，让每位学生都享有平等的教育权"，并以教师对本职专业和服务对象应当履行的义务为核心，构建了相应的师德规范，将对师德的探讨放在具体的教育教学范围之内，这为我们的师德建设提供了借鉴经验。而在师德建设具体实施的过程中，我们应该减少培训的官话和套话，多多围绕教师的工作实际，为他们提供切实所需的帮助。比如，同样是讨论遵纪守法的内容，就无须再强调"不偷不抢"这些老师都知道

---

① 檀传宝. 走向新师德——师德现状与教师专业道德建设研究［M］. 北京：北京师范大学出版社，2012：13.

的、泛泛而谈的要求，而要结合教育教学中发生的具体事件，如如何对学生进行适当的惩罚，合理合法地行使教师的惩戒权等。教师的教育教学不仅关涉道德，也关乎方法，很多教师失范行为更多是方法不当引起的，其实他们的初衷是善的，但却没有得到好的结果，不禁令人惋惜。这就提示我们，应当更加关注教育现场具体而真实的问题，强调师德培训的情境化，在教师立足之处探寻师德的专业性，切实帮助教师应对教育中的种种矛盾。

其次，要抓住道德的核心，依照道德的本真和养成规律统筹师德建设。在我们看来，道德不仅是一种约束人们行为的律令，更是一种使人内心获得安宁和自由的力量。真正的师德实践，不仅仅是让教师遵从特定的行为规范，更要提升教师内心的道义与德性。我们的老师也都或多或少地有着道德教育的经历，相信很多老师也常常为如何教育学生养成良好的习惯、形成高尚的情操而苦恼，自己苦口婆心地劝说似乎总是被学生当成耳旁风，往往费了不少劲儿却讨不到好。这是因为道德的养成是渐进而隐性的，它不可能像技能的学习一样，只要有合适的指导、用心学了、耐心练了，就能获得明显的提高。道德的养成更多是一种内心的觉醒，这一点对于师德养成同样适用。以往那种强调灌输和强化的教育，或许在知识和技能学习领域的成效尚佳，但对于侧重情感的道德陶冶则未必有效。这就提示我们，师德建设必须以符合道德本真和养成规律的方式进行。对于我们教师来说，需要不断加强自身修养和素质；对于师德建设者来说，则需要注重教师的自我反思和体验，发挥教师的主体性，如采取参与—体验—反思—行动的方式，引导教师的师德实践。这方面内容后面的章节将会详细讨论，此处便不再详述。总而言之，师德建设的最终目标，是要使师德内化为教师的情怀，成为教师自觉自愿的追求。

最后，提升师德建设的专业性还体现在加强其针对性上。具体而言，师德建设应根据教师专业道德发展不同阶段的特点及其在教育中遭遇的具体困境进行。师德建设若想行之有效，就必须对症下药。教师们都希望能够从师德培训中有所收获，但当前同质性较强的师德建设，却无法满足教师的这一愿望。正如上文讲到的，教师在不同职业发展阶段其师德发展状况也是不同的，需要不同方面的提高，解决不同类型的问题，这是师德建设必须考虑的重要内容。如刚入职的教师，师德发展基本处于他律状态，容易对于标准较高的师德规范产生怀疑和懈怠情绪。我们在师德建设时，就要努力帮助教师克服这一思想偏差，树立正确的师德观念。另外，处在不同岗位、有着不同从教经历和不同发展愿景的教师，对于自身的师德成长也有不同的要求。这就要求我们的师德建设要"看客人下菜单"，根据教师的特点及需求，确定师德建设的内容和方式。比如，在师德培训中，面对未来教育家、学科带头人、名师高研班等希望成长为专家型教师的参训者，可以将培训主题定为《教育家的师德情怀》；面对那些希望成长为优秀教师的参训者，可以将培训主题定为《守望道德星空——新时期师德规范与践行策略》；面对那些需要经常与教职员工谈论师德的学校管理者，则可以将主题定为《守望道德星空——校长如何与教职员工谈师德》，等等。[①]总之，师德建设一定要抓住教师面临的问题和发展需求，有的放矢，方能行之有效。

思考与分享

【材料】

教育专业伦理规范[②]

（美国教育协会1975年代表大会通过）

序　言

教育工作者相信每一个人的价值和尊严，从而认识到追求真理、力争卓越和培养民主信念，具有至高无上的重要性。这些目标的根本，在于保障学和教的自由，并且确保所有的人享有平等的教育机会。教育工作者接受这种职责，以恪守最高的伦理标准。

教育工作者认识到教学过程固有责任之重大，渴望同事、学生、家长以及社区成员的尊重和信任，勉力从事，借以取得并保持最高程度的伦理品行。《教育专业伦理规范》表明全体教育工作者的抱负，并提供据以判断品行的标准。

对违反本规范任何条款的纠正措施，应仅由全国教育协会和／或其分会制订；本规范的任何条款，都不得以全国教育协会或其分会特别规定之外的任何形式强加推行。

---

① 参见黄佑生. 教师立场：师德培训的应然视角［J］. 中小学德育，2014（11）.

② 参见http://blog.sina.com.cn/s/blog_546be06b0100t835.html.

原则一：对学生的义务

教育工作者力争帮助每个学生实现其潜能，使之成为有价值而又有效率的社会成员。所以，教育工作者为激发探究的精神、知识和理解力的获得以及对有价值的目标深思熟虑的构想而工作。

在履行对学生的义务时，教育工作者——

1. 不得无故压制学生求学中的独立行动。

2. 不得无故阻止学生接触各种不同的观点。

3. 不得故意隐瞒或歪曲与学生进步有关的教材。

4. 必须做出合理的努力保护学生，使其免受有害于学习或者健康和安全之环境的影响。

5. 不得有意为难或者贬低学生。

6. 不得以种族、肤色、信条、性别、原有国籍、婚姻状况、政治或宗教信念、家庭、社会或文化背景或者性别取向为由，不公正地：

（1）排斥任一学生参与任何课程；

（2）剥夺任一学生的任何利益；

（3）给予任一学生以任何有利条件。

7. 不得利用与学生的专业关系谋取私利。

8. 如非出于令人信服的专业目的或者出于法律的要求，不得泄露专业服务过程中获得的关于学生的信息。

原则二：对本专业的义务

公众赋予教育专业以信赖和责任，以冀其怀有专业服务的最高理想。

教育专业的服务质量直接影响国家和国民，基于这种信念，教育工作者必须竭尽全力提高专业标准，促进鼓励运用专业判断力的风气，争取条件以吸引值得信赖者步入教育生涯，并且帮助阻止不合格者从事教育专业。

在履行对本专业的义务时，教育工作者——

1. 不得在申请某一专业职位时故意作虚假的陈述或者隐瞒与能力和资格有关的重要事实。

2. 不得出具不符事实的专业资格证明。

3. 不得帮助明知在品格、教育或其他有关品质上不合格者进入本专业。

4. 不得在有关某一专业职位候选人的资格的陈述上故意弄虚作假。

5．不得在未经准许的教学实践中帮助非教育工作者。

6．如非出于令人信服的专业目的或者出于法律的要求，不得泄露专业服务过程中获得的关于同事的信息。

7．不得故意作有关同事的虚假的或恶意的陈述。

8．不得接受任何可能损害或影响专业决定或行动的馈赠、礼品或恩惠。

【思考】

1．搜集我国1984年至今颁发的四个有关"中小学教师职业道德规范"的文本，进行比较，思考总结我国师德规范文本发展的规律尤其是专业化方面的变化。

2．阅读美国的《教育专业伦理规范》后，您认为其中的"专业性"体现在什么地方？由此反观我国的师德建设文本，您认为我国师德建设在专业性方面还需要怎样的提升？

二、走向人本化的师德建设

近年来，随着人们对本真道德的认识与重视，尤其是科学发展观的提出与落实，"以人为本"这一科学发展观的核心理念也渗透了社会生活的方方面面，师德建设自然也概莫能外。只要用心观察，就不难发现师德建设中的人性色彩愈加得到彰显，它"不再是柏拉图的理念论或黑格尔的绝对精神意义的理性规定，也不再是康德的先天行为道德律令，而是更多地容纳情感、本能和激情"[①]，加入了更多人性的温情。事实上，"以人为本"一直是教育的追求，只不过我们最初谈及的"人本"理念多偏指学生一方，强调教师要尊重学生、关心学生、发挥学生的主体性。但我们对于教师群体却很少有这样细致入微地关怀，反而会对其提出颇多要求，尤其是在教师待遇不容乐观的情况下，还一再将其推向道德的最高点。无怪乎我们的教师在谈及这一话题时，总会发出一声长叹，而这叹息之中又饱含着怎样的无奈与心酸呢？这些无不提示着我们去反思当前师德建设中教师主体受到忽视的问题，从而努力增强师德建设中的人情味。若想引导教师成为一名

---

① 张之沧. 后现代道德［J］. 人文杂志，2001（3）.

温暖的师德实践者，就不能只是让他们体会到行为束缚的痛苦，更应让我们的教师感受到道德关怀的温馨。唯有沐浴温暖，才能传递温暖；也只有这样，他们才有力量将温暖不断传递下去。

（一）教师也是人，也食人间烟火

我们都知道，与实际付出的辛劳相比，现在很多教师们的工资实在不值一提。为此，很多老师都会以"选择了教师，就等于选择了清贫"聊以自慰，领导者们也经常用这句话来激励教师。但我们身边还是有不少老师表示，每当想到自己曾经的同学，或者仕途坦荡，或者生意兴隆，再反观这句话，心里总还是有些不是滋味。毕竟自己的学历不比他们低，各方面能力也未必比他们差，却每天坚守在三尺讲台，做着那既没前途、也没"钱途"的工作。甚至在憋闷难忍之际，也不敢随便吐槽，生怕别人说自己觉悟低，毕竟还有那么多安贫乐道的教师典型摆在那里呢！

教师的上述苦恼，从根本上看，就是道德与利益之间矛盾冲突的一种反映。实际上，二者的矛盾可以说是长期存在于师德建设之中，只是以前受到社会制度和文化的压制，表现得比较缓和罢了。在计划经济年代，受社会环境的影响，教师工作的崇高性被过分夸大，老师们完全被塑造成一个不染世俗的圣人形象。他们背着"臭老九"的黑锅，拿着微薄的工资，却做着关乎社会未来发展的伟大事业。对于教师而言，无私奉献、不求回报似乎是天经地义、无可辩驳的。好像教师只要受到精神上的激励就足够了，物质上的支持少一点儿也没有关系，教师不食人间烟火的圣人形象由此形成，并逐渐根深蒂固。随着社会的发展，尤其是在强调自由竞争和等价交换的市场经济不断走向繁荣之后，整个社会的价值导向和风气氛围也在不断发生着变化。人们对教育的认识也应当有所转变，既要看到其公益性的一面，也要看到其产业性的一面。维持生计本来就是职业的固有功能，教师通过从事教育劳动，向受教育者"传道、授业、解惑"，进而获得物质报酬，这是无须避讳的。而且，从马斯洛的需要层次理论来看，生存需要处于需要金字塔的底层，是人们追求高层次需要的基础，确实不排除有少部分教师即使自身清贫，也甘愿奋斗在教学第一线，但这并不代表我们可以无视教师的基本需求与现实处境。"2012年4月份，河北馆陶县第一中学，未满30岁的高三年级班主任赵鹏服毒自杀。他留下遗书称活着太累，每天无休止地上班让人窒息，工资只能月光，决定自杀离世。据悉，赵鹏3月份的工资为1950元，包括1450元基本工资和500元补助，而4月份没有补助，只有基本工资。根本无法维持生活，无奈之下，只得选择结束自己的生命。"①时至今日，再次回想这个报道，仍令人扼腕叹息，而这也提醒我们确实应该重新审视教师的师德形象，好好反思一下教师的利益问题了。

诚然，教师一职并不只是谋生的手段，除了工作意义外，它还关乎人生价值的目的意义。教师所收获的也绝不仅仅是物质报酬，学生的道德成长、学业进步，进而对社会做出贡献，都是教师生命意义的确证。师生之间在课业授受和道德人生上的精神交流、情感融通，都是别的职业所难以得到的享受。但是，我们也不能因为教师职业具有高尚的一面，就无视其一般性。现代社会是强调权利与义务对等的法制社会，如果单方面强调师德的高尚性，不顾教师需要的现实性，无疑是对教师的一种盘剥。这样的师德规范，其本身就是不道德的，又如何能对师德建设产生积极影响呢？仙人、圣人们之所以能够不食人间烟火，是因为他们要么有自己的仙术道法，要么有个可以独善其身的世外桃源。而生活在现代社会繁华之中的教师，作为一个普通人，除非家世显赫，怎能不为柴米油盐而发愁呢！

概而言之，"职业道德的功能，不在于消解人们追求财富和物质享受的欲望，而在于合理调节物质生产和利益分配中的各种关系"②。师德不应该一味地让教师与人间烟火划清界限，仅仅着眼于教师的义务，师德同样需要保障教师的权益。所谓"衣食足而知荣辱，仓廪实而知礼节"，如果遵守师德的代价是令其自身利益严重受损，那又有多少人甘心做道德之人呢？另外需要指明的是，利益只是实现和维护道德的必要而非充分条件，那种认为教师道德水平会随着教师利益水平的提升而自然提升的想法，同样也是天真的。而我们的师德建设，实际上就是要规范教师在合理的范围内寻求正当的利益，引导教师找到道德和利益的平衡点。

（二）教师生活需要幸福与关怀的填充

当我们注目于学生的快乐成长之时，是否也会想一想，那些呵护着学生幼小

---

① 毕舸. 自杀班主任给教育留下遗书 [N]. 广州日报，2012-5-29（2）.
② 李敏. 新论师德发展的时代环境 [J]. 教育学术月刊，2009（12）.

心灵的老师们，他们过得幸福愉快吗？事实上，我们的教师生活得未必十分幸福。在繁重的工作负担和紧张的工作节奏之下，他们很多人显得筋疲力尽。中国人民大学公共管理学院组织与人力资源研究所和新浪教育频道联合开展的"2005年中国教师职业压力和心理健康调查"显示，当前有轻微工作倦怠的教师占被调查教师的86%，有中度工作倦怠的教师占被调查教师的58.5%，有比较严重工作倦怠的教师占被调查教师的29%；另外，在职业压力方面，有82.2%的教师感觉工作压力过大，超过60%的教师表示对从事的工作不满等。[①]虽然以上数据作为网络调查结果，不一定完全准确，但也在很大程度上反映了我国教师群体幸福感不强的窘境。

我们常常用"蜡烛""人梯"等来比喻教师，给老师们的生活涂上了"春蚕到死丝方尽，蜡炬成灰泪始干"的悲情色彩。当下师德建设所遵循的也是这样的基调，所大力宣传的尽是些燃烧自我的悲情教师。这些教师为了教育事业牺牲个人的幸福确实令人钦佩，对于大部分教师而言，这样的故事起初听来也确实令人动容，但细细回味之后，却会有一股不可遏制的压抑感涌上心头。综观当前师德建设中所推崇的模范典型，很多都是夜以继日的劳模型教师、无私奉献的忘我型教师以及勇于牺牲的英雄型教师。

2006年9月7日，人事部、教育部决定授予汪来九、陶海林、张昭、王玉贵四位同志"全国模范教师"荣誉称号。汪来九为安徽省黄山市黟县宏潭乡毛田小学教师，从教35年来，在"一师一校"的教学点，总结摸索出一套适合山区教学的复式教学方法，为一个200多人的村民组织先后培养出70多名学生到大中专学校学习。陶海林为海南省工业学校教师，19年来扎根在少数民族山区，在平凡的岗位上做出了不平凡的业绩。张昭为陕西省西安市长安区韦曲街道何家营小学校长，2006年7月13日凌晨，他在学校值班，发现两名盗贼行窃，在与盗贼英勇搏斗中身受重伤。王玉贵为山东省阳信县第二高级中学高级教师、副校长，2005年3月12日晚，王玉贵在值班巡查时，发现一伙歹徒在教学楼殴打学生，他奋不顾身冲上前去制止，徒手与歹徒搏斗，被歹徒连砍5刀。[②]

---

① 转引自唐凯麟，刘铁芳. 教师成长与师德修养［M］. 北京：教育科学出版社，2007：197.

② 参见余冠仕，续梅，唐景莉. 用实际行动诠释高尚师德［N］. 中国教育报，2006-9-8（1）.

　　以上教师的事迹，都可以用"悲壮"一词来形容。但是我们教师希望自己成为这样充满悲情色彩的角色吗？檀传宝教授曾就教师对于崇高师德的看法做过实证调查，结果表明，教师们普遍表示难以认同过于强调奉献精神和牺牲精神的教师职业道德，分别有80.8％和74.4％的教师最为反感树立"牺牲自己的家人、家庭，一心扑在事业上"和"不顾个人身体情况，带病坚持工作"的师德形象，这种态度在发达地区更为明显；又有38.8％的教师反感树立"长期拿出个人的钱物补贴困难学生"的师德形象，这在欠发达地区表现得最为明显。[①]可见，老师们打心眼里就不想这样悲情地活着。

　　如果所谓高尚师德是靠教师牺牲个人幸福、过着悲情的生活换来的，那么这样的道德本身就是不足道的，也是不能长久的。其实，教师和其他职业一样，都很平凡、简单。教师不是英雄，也不应是救世主。诚然，在实际生活中，不乏辛勤耕耘、累倒在工作岗位上，或是为了学生牺牲家人幸福的教师，他们的这些付出也确实令人感动、钦佩，乃至震撼。但在介绍这些事迹的时候，如果仅仅大肆渲染这些教师的牺牲，而不去关怀我们教师的成长和幸福，这样的做法本来就是片面短视而且残忍的。因为只有教师成长了，才能给予学生更多；也只有教师幸福了，才能发自内心、更加持久地把幸福传递给学生。而那些"凄凄惨惨切切"的教师，大概也很难教出热情洋溢、积极乐观的学生吧！所以，无论是从教师个人的意愿，还是从引导学生快乐成长的角度来看，我们教师的生活都没有必要充满悲情色彩。而如何让教师在为了学生无私付出的同时，实现个人的成长与幸福，便是未来师德建设应当重点思考的问题。

（三）人本化师德建设的若干思考

　　上文我们一同回顾了当前师德建设对于教师形象的期许。无论是引导教师安贫乐道、不食人间烟火，还是激励教师敬业奉献、悲情燃烧，实际上都是在向教师提要求，强调教师的义务履行，但是对于教师的感受及其能在师德建设中得到什么，就很少有人关心了。这也使得我们的师德建设总是少了点温情与温度，让人对它爱不起来。那么究竟怎样的师德建设才能给教师带来温暖，给予教师支持，并激发起教师自觉的道德践履意识呢？从道德的本质来看，道德是人的道

---

① 檀传宝. 走向新师德——师德现状与教师专业道德建设研究［M］. 北京：北京师范大学出版社，2012：33.

德，是人之为人的内在规定。成就人是道德存在的根本价值和道德建设的终极目标。也就是说，人是道德的主体，人的存在是道德存在的先决条件，道德在本质上是为人的、成就人的。[①]因而，要想给师德建设增加温度，就需要更多地着眼于教师立场，推动师德建设与教师自身发展同行。我们不能使其仅仅停留在规约教师行为的低水平层次上，而是要使教师感到在这个过程中自身的需要得到了满足与升华，并且整个身心都获得了成长与提高。

为了引领师德建设逐步迈向成人之道，针对上文提到的一些人们对于师德形象的片面认识，我们首先需要做的就是转变观念，正视教师作为"人"的合理需要，不能认为老师要求有所回报便是有违师德的想法，是对教师一职的玷污。

近年来，关于教师可否进行有偿家教的问题可以说是炒得沸沸扬扬。前不久，山东东营一所学校要求教师签订"禁止有偿家教"承诺书的事件再次引发了人们对于该问题的关注，支持者和反对者纷纷发表意见。这份承诺书要求：每位教师要做到不以家庭形式收带学生，进行有偿补课、辅导；不私自在外租赁房子进行有偿家教；不与人合伙在外租场地办班；不强制、诱导、暗示学生参加校外办学机构补习；不参加学生家长的宴请，不接受学生家长的馈赠，不向家长索要礼品或变相收取家长财物；不得超量布置家庭作业，不违规加重学生课业负担；不赌博、不搞封建迷信等有违法律法规和社会公德的活动，自觉维护和保持教师的良好形象。学校设立校长信箱和举报电话，接受家长和社会监督。学校加大对有偿家教等违规违纪行为的查处力度，对违反规定者，给予师德考核不合格的处分，严重者按教育局有关规定予以处理。[②]

对于有偿家教的问题，老师们大概也都各有看法，很多老师可能还会想，为什么自己连支配余暇时间的权利都没有了呢？其实，对于这个问题我们也应当辩证看待，协议中的很多内容，如不能强制学生参加补习，不可接受家长的馈赠等都是合理且必要的，是教师之为教师应当坚守的底线，但这并不意味着就可以将教师合理的经济诉求通通抹杀掉。寒假作为教师的法定假日，毕竟与工作时间不

---

① 参见王彩玲. 以人为本：道德建设的价值之维［J］. 哲学研究，2006（1）.
② 参见王真真. 东营河口一学校与教师签订"禁止有偿家教"承诺书［DB/OL］. http：//dongying. dzwww. com/dyxw/201502/t20150203_11840761. htm. 2015-2-3.

同。就像其他职业的从业者一样，教师有权利自由支配这段时间，既可以选择利用假期好好休整，当然也可以选择利用这段时间打工补贴家用。只是应当选取不危害学生权益的方式，比如教师的补习对象并不是其学校常规教学的对象，那么也就不会出现课程缩水，或者有意偏心的问题。而且，专任教师无论是对于学生心理还是课程结构都有着更为深刻和系统的理解把握，如果学生一定需要额外的补习，由这些教师承担也未尝不是一件好事。

真正富有人情味、意在成就教师的师德建设，所关注的应是如何更好地协调道德与利益的关系，在满足教师合理诉求的基础上，进一步提升教师的道德境界，而非不切实际地强迫教师成为不食人间烟火的圣人。具体而言，可以引导教师在不违反底线道德和教育规律的情况下，适当、合理地获得物质收益，"让教师在处理义利关系时具有选择性、能动性和超越性"[①]。

其次，强调人本观念的师德建设，还应当关注教师的幸福，让教师在育人、奉献的同时感受到快乐与温馨。以往我们都是以"蜡烛"形象比喻教师，暗示教师一边照亮了学生，一边也燃烧了自我。未来的师德建设，应该勾勒出教师的"电灯"形象，表明其在给予学生光明的同时，也可确保自身的可持续发展，达成自身的幸福。而教师幸福的实现又和师德建设的效果密切相关，教师的幸福可以说是教师的职业道德建构的出发点和归宿，理解教师的幸福，是理解教师的职业道德和教育伦理体系的重要"纽节"。[②]这便揭示了幸福对于教师发展以及师德建设的重要性。也正是因为幸福能够为教师带来持续而长久的精神动力，帮助他们克服职业生涯中的各种困难，我们的师德建设才必须给予教师幸福以更多的关注，进而让幸福助力教师的成长，帮助其成为一名温暖的师德实践者。

那么，如何让我们的师德建设充溢着温暖与关怀呢？就拿我们常见的教师带病上课的例子来说，江苏省邳州新城中学教师冯海为了不耽误学生的课业，边打吊针边给学生讲解数学题，被誉为"最敬业教师"，很多网友纷纷表示，希望能把自己的孩子交到如此负责的老师手上。对于这类案例，我们一般都会大力渲染冯老师不顾自身病痛，一心一意为了学生的精神。但是，换个角度想想，如果此时生病的是学生，学校和家长是希望老师安慰学生先养好身体再来上课，还是一

---

① 檀传宝. 走向新师德——师德现状与教师专业道德建设研究 [M]. 北京：北京师范大学出版社，2012：27.
② 参见檀传宝. 教师伦理学专题——教育伦理范畴研究 [M]. 北京：北京师范大学出版社，2010：23.

个劲儿地鼓励他们带病坚持呢？答案是显而易见的。这个道理对于教师也同样适用。身体健康是教师有效工作的前提，冯老师以学生为先的精神确实可贵，但这并不是唯一的解决办法。冯老师大可以和别的老师调换课程，打完点滴后再去给学生上课，或者先让同事帮自己带一下课，这对学生其实并不会有什么负面影响。倒是若因为不注意身体，造成病情恶化，反而会对学生更加不利。我们的师德建设不能总是一味地歌赞教师的牺牲，这很容易给人造成一种"悲情的教师才是好教师"的误解。实际上，好教师应该是幸福的，甚至可以说，不仅是应然层面上的配享幸福，更该是实然层面上的拥有幸福。满园桃李的芬芳确实沁人心脾，但也不能因此就认为教师的一切牺牲都是理所应当。在我们看来，比起自己不断发光发热的太阳，教师更像是月亮，将自己接收到的光明反射给黑暗中摸索的莘莘学子。因而，未来的师德建设不能再只是一味地向教师提要求、不断提高教师的行为标准，而更应该思考怎样帮助教师在师德实践的过程中收获幸福、体味温暖。

最后，希望师德建设具备成就教师的特性，还需要重新理解师德建设的内涵。我们以往的师德建设多是从社会层面出发，注重教师的职业良心、职业责任、职业义务和职业规范等。对于教师个体，尤其是教师在师德实践中内心世界可能产生的冲突，却往往缺少关注，对于教师的苦恼和困境更是不闻不问，而这也间接加重了教师的职业倦怠等问题。真正以教师为本的师德建设，应当也必须要关怀教师的心理成长。比如，同样是辛勤的付出和忘我的工作，有些老师以此为乐，有些教师却痛苦不堪，这种种差异便源于教师不同的心理。这时我们的师德建设就需要引导教师转变观念，树立正确的幸福观，更多看到教育积极的一面，所谓"师德建设的目标不仅仅是引导教师以教育为业，更重要的是为教师个人在教育实践中的自觉创造、主动开拓提供内在的精神力量，引导教师获得自我实现的快乐"。[1]

总而言之，未来的师德建设，应当更好地体现使教师职业有尊严地存在以及教师个体快乐生活和成长的道德本质。教师是师德建设的直接参与者，离开了对教师的尊重、理解、关心和有效的满足，师德建设也就成了无本之木、无源之水。我们的师德不能只是无止境地对教师提出各种要求和规约，成为教师的枷

---

[1] 唐凯麟，刘铁芳. 教师成长与师德修养 [M]. 北京：教育科学出版社，2007：199.

锁，更要给教育之源头活水以呵护和滋养。只有这样，才能保证整个教育系统的良性运转和可持续发展。当然，成就教师也不能只靠外部的师德建设，道德最终还要归结到内心的觉悟。成就教师的师德不能少了教师这个主角，如果老师们能够感受到教育以及我们的师德建设正在努力赋予我们更多的温暖，那么，就和我们一起努力将这份温暖传递下去吧！

思考与分享

【案例】

爱的放弃与追求①

参加工作的第3年，郑聪发现自己怀孕了，而且是对双胞胎。这对于喜欢孩子的她来说更是意外之喜。然而高兴之余，郑聪却陷入了痛苦的选择中。

当时她担任着初中二年级3个班的英语教学，还是一个班的班主任，同时兼任教研组长。尤其是她担任班主任的那个班的孩子即将进入初三，她实在不忍心因为生孩子而耽误他们。

郑聪想到两年前刚接初一新生的第一次家长会的情形："我能教你们的孩子，说明我们有缘分。这也是我的荣幸，我将与家长一道陪伴孩子们走完这3年，见证他们的成长与成功。请你们相信我……"这是她当年对家长掷地有声的承诺。

而今，如果要了这对双胞胎，就意味着要放弃自己的第一届学生，同时意味着学生们在进入初三时要重新适应新老师——而如果不能适应则势必影响学生的前途，家长和学生3年的期望便会化为泡影；更意味着当初对家长的承诺将化作儿戏！然而，如果放弃肚里的孩子，对一个母亲来说是一件多么残忍的事情！

这两难选择的矛盾心理折磨了郑聪一个多月。为此，她和爱人经过无数次的沟通。终于，为了当初对家长的承诺，郑聪做了一个残酷的选择——放弃肚子里的孩子！

有同事心疼郑聪，说她"傻"："没有必要为了学生而放弃自己当母亲的机

---

① 李镇西．郑聪：爱的放弃与追求［N］．中国教师报，2012-2-15（10）．

会和权利！"可郑聪回答道："我之所以做这个大家都难以理解的选择，是因为我做人的底线便是要对自己说过的话负责。我还年轻，以后还有机会要小孩。而学生只有一次中考的机会。"

我从来没有在学校大会上就此事表扬过郑聪，因为在我看来，她这个做法是不值得提倡的。但是，我实实在在被她这种精神感动了，许多老师也很感动。

手术后，学校按相关规定要求郑聪在家卧床休息15天。没想到就在第3天，她得知自己班上的住校生小莎和小艳晚上出校上网，10点还未返校。郑聪心急如焚：网吧那么复杂，女孩子去那里特别让人担心，更何况是晚上10点多了，万一有个三长两短怎么得了！

郑聪迅速与家长取得了联系，听筒那边，家长的声音流露出焦急与无助。"那我和你们一起去找吧！"郑聪几乎没有经过思考，便对家长说道。

不顾自己的身体，郑聪与家长约好了见面的地点，悄悄从家里溜了出去。那时正值寒冷的冬天，她和家长一起冒着刺骨的寒风一家网吧一家网吧地找，地毯式的搜寻。在寻找的过程中，家人给郑聪打了电话，埋怨地说："你不要命了，拿自己的身体当儿戏……"郑聪把电话挂了，依然和家长一起找那两个学生。后来家里又不停打来电话，郑聪却再也不敢接了，因为她怕听到家人的埋怨，更怕两个家长知道她的情况后，不让她一起去找了。那天晚上，郑聪的手机上显示着12个未接电话，全是家里打来的。

功夫不负有心人，他们终于在深夜12点找到了两个女孩。郑聪和家长如释重负。后来两个女孩得知郑老师的特殊情况后，又后悔又感激，当即哭着向郑老师认错，并承诺为了郑老师的这份爱也要好好学习！

以后的日子里，两个女孩真的兑现了她们对郑老师的承诺。后来毕业了，两个女孩每年冬天的一个日子——就是她们出走的那一天，都会不约而同地给郑老师打电话嘘寒问暖，让郑聪在寒冬中倍感温暖。

无论放弃与追求，郑聪都源于一种爱。郑聪的故事是讲不完的，她的更多的感人故事限于篇幅，我无法在这里一一讲述了。但我想说，一个有精彩故事的老师，一定是一个幸福的老师。郑聪的成长过程，就是伴随着爱的故事不断探索的过程。从教几年，郑聪无论班主任工作还是英语教学，都堪称硕果累累，不仅仅是班级团结、课堂精彩、成绩优异，更主要是她收获了一届又一届学生的心。后来，她由普通老师走上管理岗位，当了年级主任、教务主任、校长助理，但她依然没有脱离课堂，没有远离学生。

因为爱，她实在放不下这些孩子了。

【思考】

1. 您怎样看待郑聪老师最终的选择？您认为郑老师幸福吗？如果是您，面对这样的两难困境，您将何去何从？

2. 对于李镇西校长表示从未在学校大会上就此事表扬过郑老师，您是如何理解的？您认为师德建设最应该带给教师什么？

第三章

师德的基本内容

在办公室里，在研讨会上，在报纸杂志、新闻报道中，我们经常会听到或者参与讨论一个问题：教师应该有什么样的师德？什么样的师德是高尚的？我们认为，师德是教师的灵魂。一个优秀的教师，必定有高尚的道德；反之，师德水平不高的教师，很难取得好的教育教学效果，也不可能成为一个优秀教师。教师的道德水准影响甚至决定了学生的品德发展，正如孔子所言："其身正，不令而行；其身不正，虽令不行。"[①]因此，我们"务必要以教师的纯正的德行保持学生在未成熟的年龄免遭损害，并以教师的威信防止学生在这个孟浪的年龄流于放荡"[②]。每个人心目中都有"好老师"的形象，"好老师没有统一的模式，可以各有千秋、各显身手，但有一些共同的、必不可少的特质"[③]。这些特质有哪些呢？例如，我们常提到的"道德楷模""无私奉献""教育良心"等词。我国古代就提出了"有教无类""学而不厌，诲人不倦""教学相长""因材施教"等教育教学的道德规范，这些道德规范对我国教育历史的发展产生了深远的影响。新中国成立以来，我国也于1984年、1991年、1997年、2008年先后颁布或修订了《中小学教师职业道德规范》。这些规范构成了我国教师师德的基本内容体系，对我国教师职业和

---

① 杨伯峻. 论语译注 [M]. 北京：中华书局，1980：136.
② 昆体良. 昆体良教育论著选读 [M]. 任钟印，选译. 北京：人民教育出版社，1989：13.
③ 习近平. 在北京师范大学考察时的讲话 [N]. 人民日报，2014-9-10（1）.

教育事业的发展起到了积极的推动作用。

在师德的基本内容体系中，哪些是教师必须坚守的职业道德底线？哪些是教师要遵守的基本道德规范？哪些是教师应该追求的道德理想呢？结合我国优秀的传统师德文化和西方优秀的文化成果，我们尝试把师德的基本内容概括为教育梦想、道德情操、爱、无私奉献、公平正义、学而不厌六个方面。从不同的水平或层级来看，这六个方面又可以归结为底线型师德、基准型师德和高尚型师德（或者称为理想型）。

一、坚定的教育梦想是师德的航标

作为一个教师，您思考过自己选择教师这一职业的原因吗？做了教师以后，您有明确的教育教学目标吗？面对当下"清贫的生活"、不高的社会地位，您有没有对自己的选择后悔过、动摇过？要回答这些问题，我们首先应该思考一下自己的教育梦想和教育信念。

改革开放以来，随着市场经济的快速发展，社会上出现了"物质主义""拜金主义""享乐主义"等现象。判断一个人价值和生命意义的标准，也由原来的奉献和贡献大小，转变为多元取向，比如薪酬的多少、社会地位的高低。在物欲横流的环境中，人们逐渐把谈论"理想"和"信念"看作笑谈，认为这些概念已经过时了。由于多种原因，我国有些地区的教师待遇相对较低，相信大家心头的痛是"房""车"，这也折射出我们的教育正在失去梦想。坚定的教育教学信念慢慢远离了教师，有些教师甚至出现教育教学懈怠、得过且过的现象。"好老师应该做中国特色社会主义共同理想和中华民族伟大复兴中国梦的积极传播者，帮助学生筑梦、追梦、圆梦，让一代又一代年轻人都成为实现我们民族梦想的正能量。"[①]教师帮助学生"筑梦、追梦、圆梦"的过程，就是实现自己教育梦想的过程。师德中的教育梦想，是指教师对教育教学工作要达到何种成就和目标的向往和追求，它是教师提升自身能力、素养和实现自我价值的指南针和方向盘。我们认为，当前，教师应该把从事教育事业、培养合格的社会主义建设者和接班人作为自己的崇高教育梦想，并通过树立崇高的职业理想和坚定的职业信念，来实现

---

① 习近平. 在北京师范大学考察时的讲话 [N]. 人民日报，2014-9-10（1）.

自己的教育梦想。

　　教育梦想是教师实现人生价值的助推器。苏霍姆林斯基说："思想是根基，理想是嫩绿的芽胚，在这上面生长出人类的思想、活动、行为、热情、激情的大树。"我们对教育教学的认识，很大程度上影响甚至决定了我们对教育教学的态度、情感，决定了我们的行动。如果我们的教育教学行为是在无意识中进行的，我们的眼中只有学生和教育教学的具体的物质工具和活动本身，我们就无法摆脱规章、外在利益等束缚，无法真正发现教育教学活动中的自我，更无法从教育教学中发现、体会、享受自己的生命和价值。而当我们全身心投入教育教学活动，从中发现、认识到其中的自己，体会到自己的梦想、信念、意志、行为选择时，我们才能够真正理解教育教学，也才可能突破眼前琐碎的工作和物质利益的遮蔽，发现教书育人的平凡和伟大，才真正体会到教育梦想对我们每个人有多么重要！没有教育的梦想，我们很难体会到教育教学就是自己的生命的延展，就是自己生命价值的洋溢。正如一位老师说的："我们不需要'被崇高'与'被幸福'的教育人生，我们会从自我，贴着教育的地平线，寻找个体与职业的幸福。"教育的梦想，是我们每个教师应该有的崇高和幸福。

　　自己有梦想，才能帮助学生实现梦想。我们常说："名师出高徒。"这其中蕴含的意思是，知识渊博、教学技能高超的教师能够很好地指导、引领学生的发展；另一层含义就是，名师所具有的远大教育梦想，能够勾画学生成长和发展的远大目标、宏伟目标，这种设计和"勾画"为培养优秀学生，即知识丰富、品德高尚、创新能力高、实践操作能力强等素养的学生，提供了方向指引和前提条件。我们认为，教师的教育梦想有多高、有多远、有多丰富，学生就能升多高，走多远。

　　湖南省长沙市明德中学阳森老师从一个普通教师慢慢成长为一个优秀的教师，她的教育梦想、教育信念起到了巨大的推动作用。

　　"曾有人说，鹰之所以飞得更高，不是因为它有坚硬的翅膀，而在于它有着坚定的信念。信念，听起来是一个有点缥缈的词语，我把它理解得很简单，那就是：相信可以做得到。

　　还记得刚到明德中学的时候，我并不知道我未来要成为一名怎样的老师。我有一个师姐，比我早三年到明德，恰巧是在我刚到明德的那一年，她去参加全国的课堂教学大赛，拿了一等奖。当时我就在想，她可以，为什么我不可以呢？于是，我在心里暗下决心，总有一天，我也要走到全国的赛场上去。从2004年开始，我不断积累，慢慢提升，从学校的公开课到市级、省级赛课，从最开始的三等奖、一等奖到特等奖，终于，我代表湖南站在了北京的全国赛场上，并捧回了一等奖。

我很认同一句非常流行的广告词：'一切皆有可能。'是的！这个世界真的就是这样，有时候不是你敢不敢做，而是你敢不敢想。我现在从事学校的团委工作，为孩子们搭建起了活色生香的校园文化生活。例如，每年的五大节：文明节、科技读书节、体育节、艺术节、社团节；每年的'高新辩论赛''魅力女生现场决选''同在明德'社会实践、市生态动物园、省科技馆志愿服务大队以及各具特色的23个社团活动……在学校甚至在长沙市教育系统，很多人都佩服我对工作局面的开创性。其实我很清楚，在这个岗位上，我只是和当初刚到明德时锁定全国赛场一样，我不断有新的追求与信念，并且尽力整合、利用自己的资源与优势，排除高考压力、时间空间限制等困境，努力去实现。我相信：只要你愿意，你也可以做到。而更重要的是，当你确定目标，并坚定不移地走下去，不管结果如何，沿途两岸，必定会有盛开的幸福之花。"①

梦想就在教师身边。当我们提到教育梦想的时候，别只把它理解为"高、大、上"的东西。其实，每一个教师都有自己的教育梦想，都应该有自己的教育梦想，只是有些教师的教育梦想是明确的，有些是模糊的；有些是"远大"的，有些是"一般"性的。有的老师凭借自己的坚定信念、拼搏的干劲和教育智慧持续向着梦想前进，无限接近梦想，并实现梦想；而有的教师眼高手低，"两天打鱼、三天晒网"，浅尝辄止，甚至误入歧途，没有实现梦想。我们体会，在日常的教育教学中，教师应该根据自己和教育教学的条件及学生的现有发展水平，树立自己的教育教学的梦想，坚定信念，从日常小事做起，从点滴的教育教学过程和细节入手，坚持走下去，就必定有实现梦想的那一天。

如果一个教师没有教育梦想，结果会怎样呢？没有了梦想，教师日常的教育教学活动就没有明确的目标，缺乏信心和动力，往往被外在的事物或要求束缚住

---

① 本材料由湖南省长沙市明德中学阳森老师提供。

了手脚，不能全身心地投入，自己在学校度过的每一天，所做的每一件事，与学生进行的每一次对话等，都会失去色彩、失去阳光、失去激励性。长此以往，教师会对教育教学活动产生"应付"现象，甚至得过且过，"当一天和尚，撞一天钟"。学生生活在这种缺乏明确方向、失去生活色彩、毫无生机活力的"灰暗"氛围中，其健康发展会受到严重影响。

思考与分享

中国梦归根到底是人民的梦，也是每个中国人的梦，必须紧紧依靠人民来实现。只要我们紧密团结，万众一心，为实现共同梦想而奋斗，实现梦想的力量就无比强大，我们每个人为实现自己梦想的努力就拥有广阔的空间。生活在这个伟大时代的中国人民，共同享有人生出彩的机会，共同享有梦想成真的机会，共同享有同祖国和时代一起成长与进步的机会。有梦想，有机会，有奋斗，一切美好的东西都能够创造出来。

【思考】

1. 中国梦是我们每一个中国人的梦，教育梦想也应该是我们每一个教师所拥有的。结合上面的论述，谈谈教育梦想对教师成长和发展的作用。

2. 在中外教育发展史上，大多数教育家都拥有着自己的教育梦想。请您举例一二展开讨论分享。

二、高尚的道德情操是师德的根基

您有没有思考过这样一个高大但朴实的问题：我们为什么要夜以继日、加班加点地工作？我们坚守各自教育教学岗位的价值和意义何在？对这一问题的不同回答，反映了我们对教育教学所持有的价值取向，自己的道德情操和对教育事业的忠诚，这些也影响了我们教育教学活动的积极性、主动性和创造性。

在我国传统文化中，"家国同构"的思想深刻影响了中国人的思维方式和行为选择。日常生活中，我们会接触到各种说法，如"有国才有家""国家好，大家才会好""以集体利益为重"等，这都说明了一个主题思想：爱国。今天，我们从广泛的意义上理解，爱国内含了热爱祖国、热爱人民、热爱集体等。"位卑未敢忘忧国""保天下者，匹夫之贱，与右有责焉耳矣""我自横刀向天笑，去留肝胆两昆仑""我以我血荐轩辕""铁肩担道义，妙手著文章""为中华之崛起而读书"等豪言壮语，无不表达了深沉的爱国情怀、爱国品质和爱国理想。爱国是一种基本的道德诉求和价值取向，爱国也是一种高尚的道德情感。作为一个普通的教师，作为一个人民教师，我们要淡泊名利、志存高远，要把个人理想、本职工作与祖国发展、人民幸福紧密联系在一起，树立为国家培养人才的高尚道德情操和精神追求。高尚的道德情操，要求我们坚持正确的价值取向、高质量的文化品位和对教育教学事业的热爱和忠诚。

高尚的师德要有正确的价值观和价值取向。"师也者，教之以事而喻诸德者也。"[1]价值观是我们对事物的根本观点和看法，它决定了人们前进的方向和行为的选择。当前，社会主义核心价值观是中国人民在价值观上的"最大公约数"，面对世界范围思想文化交流、交融、交锋形势下价值观较量的新态势，面对改革开放和发展社会主义市场经济条件下思想意识多元、多样、多变的新特点，我们每一个人要不断加强核心价值观的学习，以"爱国、敬业、诚信、友善"作为价值准则，在日常的教育教学中践行核心价值观。"老师的人格力量和人格魅力是成功教育的重要条件。老师对学生的影响，离不开老师的学识和能力，更离不开老师为人处世、于国于民、于公于私所持的价值观。一个老师如果在是非、曲直、善恶、义利、得失等方面老出问题，怎么能担起立德树人的责任？"[2]只有当教师把教育作为一项事业、作为自己的人生追求时，才可能默默奉献、甘为人梯，这是教育工作的核心价值所在。道德认知是道德情感的基础，在物欲横流、金钱至上的时代，教师首先必须端正自己的价值观取向，要明白自己从事的职业，努力守住教育这一方净土，安于三尺讲台，用真诚写好"师德"。"作为教师，就要为人师表，一身正气，事事做学生的表率。选择了教师这一职业，就意味着更多地付出……作为一名党员教师，我始终模范履行党章规定的党员义务，并积极投身到党的群众路线教育实践活动学习中，用平凡无私的奉献精神塑造着党员形象，始终把对党无限忠诚的朴素情感，化作实际行动融入挚爱的教育事业中。"[3]

① 孙希旦. 礼记集解［M］. 北京：中华书局，1989：563.
② 习近平. 在北京师范大学考察时的讲话［N］. 人民日报，2014-9-10（1）.
③ 本材料由新疆维吾尔自治区五家渠市第一中学陈燕老师提供.

教师的职业特性决定了教师要有高尚的道德情操。"学高为师，德高为范。"汉代的扬雄曾说过："师者，人之模范也。"一个合格的教师，首先应该是道德上的合格者。优秀教师应该为人师表，以德施教、以德立身。教师是学生道德修养的榜样和重要他人，教师不但要把正确的道德观念传授给学生，更要身体力行、以身作则，不断提高自己的道德修养和道德情操，自觉坚守精神家园、坚守人格底线，带头弘扬社会主义道德和中华传统美德，在润物无声中，春风化雨、潜移默化地影响学生，使学生见贤思齐，在不知不觉中涵养道德，提升道德认识水平，践行道德原则和规范。

高尚的师德还体现在对所从事职业的热爱和忠诚。热爱和忠诚简单来说，就是对教育事业尽心尽力、一心不二。"好老师应该执着于教书育人。我们常说干一行爱一行，做老师就要热爱教育工作，不能把教育岗位仅仅作为一个养家糊口的职业。有了为事业奋斗的志向，才能在教师这个岗位上干得有滋有味，干出好成绩。如果身在学校却心在商场或心在官场，在金钱、物欲、名利同人格的较量中把握不住自己，那是当不好老师的。"①矢志不渝地坚守自己的"一亩三分地"，也是教师在平凡中涵养高尚道德情操的表现。

思考与分享

【案例】

我有两个女儿，大女儿去年6月研究生毕业，第二个女儿去年元月考上了研究生。我家里除了我的工资，没有其他经济来源。九十年代末期，我们家四个人，每个早餐两块钱，五毛钱买稀饭，一块五毛钱买5个大馒头。为了增加营养，双休日，我经常到菜市场买小鲫鱼。小鲫鱼也叫童子鱼，童子鱼个头小，它没有"结婚"，营养价值很高，价格十分便宜，别人不要我们要。用童子鱼熬汤做早餐味道特别鲜美……我就是这样自觉克服家庭经济困难的，将稿费和奖金积攒下来，捐给那些更需要帮助的人！我曾经向汶川、玉树地震灾区捐款400元，向特困师生捐款，先后从工资中挤出近3000元用于鼓励学生学习，帮助特困学生就学。1997年，我一次性主动上交党费1000元。2004年，我们星火小学建礼堂

---

① 习近平. 在北京师范大学考察时的讲话［N］. 人民日报，2014-9-10（1）.

资金困难，我又捐款500元。2013年4月27日，是四川芦山地震灾区遇难同胞追悼会的日子（双休日）。那天清早，我一个人主动到衡阳市红十字会捐款200元，表示一点心意。有人问，谭老师，你特级教师捐这么一点小钱也来说，不丢人吗？我认为：有这么一首歌是人间真理：只要人人都献出一点爱，世界将变成美好的人间……

我没有右手，工作、生活困难比较多，家里经济特别紧张，可是，我每天都能开开心心、认认真真工作。是什么在起作用呢？是信仰在支撑着我！告诉大家：我现在保存下来的教案近60本，每一本教案的第一页上都写着同一句话：忠诚党和人民的教育事业！这就是我的信仰。我个人认为，一个头脑正常的人至少要具备两个最基本的忠诚：一是忠诚自己的家庭；二是忠诚自己的事业……做到了这两个基本的忠诚，我认为，就是爱党，就是爱国，就是爱人民。到了晚年，你会获得幸福的。

教《金色的鱼钩》……（谭老师简介课文内容）我在范读课文时，读到最后一段情不自禁地哭了，许多孩子跟着哭了。我抓住这个难得的教育机会，认真对孩子们说："同学们，今天回家读《金色的鱼钩》给爸爸妈妈听，爸爸妈妈哭了，你的语文家庭作业就算完成了。"说完就放学了，大家连蹦带跳地往家跑，他们都希望自己读书，爸爸妈妈能哭。有两个孩子，一男一女，他们是当天负责打扫教室卫生的值日生，其他同学们走了以后，两个孩子对我说："老师，我俩明天早一点来打扫教室可以不？"我问："为什么？"他们说："我们回去读《金色的鱼钩》，看爸爸妈妈哭不哭。"我说："好！"

第二天早自习的时候，我对同学们说："昨天在家里完成了语文家庭作业的同学请举手！"83个人，只有两个同学举手。我问第一个同学——唐顺，"你完成语文家庭作业了吗？"他说："我读了《金色的鱼钩》，但是爸爸妈妈不愿意哭。""请坐下。"我问第二个同学李路，李路同学说："我是读给妈妈听的，我在读书的时候，妈妈真的哭了。"下课了，我给李路同学的妈妈打电话核实："喂，你是李路同学的妈妈不？""是，谭老师好。""请问，李路同学昨天在家读书没有？""她在家读了书。当时的情况是这样的：李路放学回家，刚走到家门口，我突然接到电话，我母亲去世了。这时，李路急忙放下书包硬要读一篇课文给我听，我只好顺着她，一边哭，一边听她读课文，课文的题目是什么鱼钩，课文内容我记不清了。"我放下手机，又想哭、又想笑。

那一天，孩子们在家读书，虽然爸爸妈妈都没有因故事的情节而感动得流泪，但我给全班83个同学每人加一分，因为他们都是诚实的孩子。①

【思考】

1. 从谭老师身上，我们能发现他哪些美好的师德？
2. 谭老师是如何践行崇高的道德情操这一师德要求的？

三、爱是师德的灵魂

教育是一项"仁而爱人"的事业，爱是教育的情感和精神力量。在学校教育教学中，除了对知识的孜孜以求、无比热爱之外，当孩子们活泼的生命进入我们的视野，尤其是进入我们的内心世界时，埋藏于我们心底的那份爱得以激发。这种爱超越着世俗功利，推动着我们与学生一起欢笑和流泪，呵护着学生成长。正因为有了人类这份最无私、最深沉的爱，教师成为"太阳下最光辉的职业"。从一定意义上来说，没有爱心的教师绝不是一位好教师。高尔基曾说过："谁爱孩子，孩子就爱谁。只有爱孩子的人，他才可以教育孩子。"列夫·托尔斯泰也指出："如果教师爱自己的专业，那他可能成为一个会教书的教师；如果教师既爱自己的专业，又爱学生，那他将是一个完善的教师。"当一个教师以爱的心胸、爱的眼神、爱的行为、爱的方式去指导学生、帮助学生，去与学生沟通、交流时，从教师身上流淌出来的是一股严冬里流动的热腾腾的暖流，是一杯三九天散发着浓浓温情和智慧的浓茶，学生感受到的才是慈爱、温暖、真情、信任。在这种爱的教育教学氛围中，教师倾注的是心血和睿智、宽容和尊重，学生感受到的是自尊、快乐和责任。这样的教育氛围，必定能够拉近教师与学生之间的空间距离、心理距离和情感距离。当学生在心里放着老师、承认老师，情感上接受老师、依恋老师时，对教师的信任、尊重便会油然而生。

什么是爱学生呢？我们体会，爱学生就是教师从高度的社会责任感和工作责任心出发，全身心地热爱每个学生，对所有的学生一视同仁，关心、尊重、宽容、信任学生，并对学生严格要求，促进其全面、健康发展。

---

① 本材料由湖南省衡南县星火实验小学谭华勇老师提供。

爱学生的情感有许多表现。我们体会，第一是关心每一个学生。这是爱学生的基础表现。曾经有过这样一个故事：一把坚实的大锁挂在大门上，一根铁杆费了九牛二虎之力，还是无法将它撬开。钥匙来了，它瘦小的身子钻进锁孔，只轻轻一转，大锁就"啪"的一声打开了。铁杆奇怪地问："为什么我费了那么大力气也打不开，而你却轻而易举地就把它打开了呢？"钥匙说："因为我最了解他的心。"[①]裴斯泰洛齐认为："每一种好的教育都要求用母亲般的眼睛，时时刻刻准确无误地从孩子的眼、嘴、额的动作来了解他们内心情绪的每一种变化。"这说明，教师只有站在学生的角度关心学生，主动掌握学生的家庭和生活环境、身心发展的情况，了解学生学习、生活、思想和成长过程中遇到的困难和问题，并及时、有的放矢地给予指导和帮助，才能取得良好的教育效果。

第二是亲近学生。这是一种教师和学生之间的亲情性、依恋性的情感体验。教师希望与学生在一起，期望参与学生的各种活动，如果离开学生，会产生没有着落的感觉。学生的一言一行，无不左右和牵动着教师的视线和情绪，师生之间都能够意识到对方温暖的情谊。

第三是全面理解学生。即教师与学生之间形成的忘记年龄和身份而产生的喜悦的内心感受。"相信和理解是师生交往的润滑剂、溶解剂。"[②]教师全面理解了学生，"教师对学生的言行能心领神会，教师感到自己和孩子们是和谐一致的，和他们的心是相通的"。[③]教师总是以同情和爱护之心去看待学生的每一个行为、每一句话，对学生的某些弱点、劣势，甚至是缺点都是以积极的、保护的、原谅的心理去对待。诚如一位教师所言："我总是想法弄明白学生为什么会那样想、那样说、那样做。我常常为能够理解我的小朋友的心而感到莫大的愉快。"

第四是尊重学生。尊重是建立和谐交往关系的前提，尊重学生就要尊重学生的人格、个性和自尊心。学生虽然是未成年人，但他们也有自己的道德人格、法律人格，这一点是与教师平等的。由于受到"师道尊严"等思想的影响，一些师德水平不高的教师对犯了错误、看着不顺眼或者顶撞自己的学生随意批评、辱骂，动辄体罚和变相体罚学生，教师打掉学生耳朵、打晕学生等事件赫然出现在新闻报道中。这些行为违反了法律，违背了师德的要求，严重摧残了学生的身心

① 李慕南. 师德是教师的灵魂 [M]. 沈阳：辽海出版社，2011：105.
② 任顺元. 师德概论 [M]. 杭州：浙江大学出版社，2005：61.
③ 胡筠若. 试谈教师的爱 [A]. //瞿葆奎. 教育学文集·教师 [C]. 北京：人民教育出版社，1991：172.

健康。苏霍姆林斯基特别强调尊重学生自尊心的重要性，他认为"如果不去加强并发展儿童个人的自尊心，就不能形成他们的道德面貌"，更"不能挫伤他们心灵中最敏感的一个角落——人的自尊心"。① "世界上没有完全相同的两片树叶，也没有完全相同的两个人"，教师面对的每一个学生都有着自己的性格、气质、思维方式、情感。教师应该深入了解学生的这些个性特点，针对不同的特点，采取科学、适合的教育方式，以促进学生的全面发展。

第五是信任学生，即教师应该相信每一个学生都是"善"的，犯错或失败只是偶然的现象。信任还内含一种教师对学生发展的可能性的期待。教师对学生应充满期望，相信自己的学生具有较高的知识水平，能够取得某方面的进步和成绩。持有这种心理的教师，总能够在每一位学生身上发现闪光点和长处，"对每个儿童都可能教育好的深刻信念，使他们在最困难的情况下，也不改变自己的行动，并以热切的心情去捕捉和发现学生身上新的东西，为这些东西感到振奋，并用自己心中的火去点燃学生心中的火焰"。② 信任学生的教师会说："我爱我的学生们，尽管他们基础差，但我愿意把担子压在自己身上，也绝不降低对他们的要求。我相信他们会有进步，会有成绩的。"

最后是严格要求学生。"严师出高徒"，热爱学生并不意味着去溺爱学生。严格要求学生是热爱学生的必然性要求，不能做到严格要求学生，会使意志薄弱的学生产生得寸进尺的想法和行为，使得他们误入歧途，因此，"教不严，师之惰"。当然，在强调严格的同时，我们也要做到严而不过、严爱相济。

教师对学生的爱，来自哪里呢？教师对学生的爱不是基于亲缘关系，不是出自个人的需求，而是源自教师对教育事业的积极认同、深刻理解和高度的责任感，源自内心的善良、同情等德性，也源自与学生之间的互动交往。

我们认为，教师对学生的爱首先来自教师的高度责任心。每个人都希望国家富强，民族振兴。国家的未来在于青少年，而青少年的成长很大程度上取决于教师的教育教学。这很容易使教师意识到自己所从事的事业的崇高和艰巨，体会到自己工作的意义所在，从而对教育事业和自己的工作产生强烈的责任心、义务感。常言说："知之深，爱之切"。"教师对教育工作的认识愈深刻，把一切献给

---

① ［苏］苏霍姆林斯基. 要相信孩子 [M]. 天津：天津人民出版社，1981：7.
② 胡筠若. 试谈教师的爱 [A]. //瞿葆奎. 教育学文集·教师 [C]. 北京：人民教育出版社，1991：175.

孩子们的情感就愈加深刻,这是教师爱的思想基础。"[1]我们认为,教师对教育事业和学生的责任心是爱学生情感的外在源泉。

教师对学生的爱还源自人所具有的善良、同情等德性。中国传统文化历来追求一个"善"字:待人处事,强调心存善良、向善之美;与人交往,讲究与人为善、乐善好施。我们认为,善良是人的天性,它深藏于人的心底,合适的刺激和环境能够激发人的这一德性。现代心理学研究认为,同情是人的基础情感,人的其他情感,如怜悯、宽容等都是来源于同情。正是教师所具有的人的善良、同情等优良德性,在面对远离世俗利益的学生面前,被极大地激发出来。

教师爱学生的情感还源自教师与学生的互动。教师爱学生的情感必然引起学生的共鸣,学生会以各种方式向教师表达对教师爱的感谢,如教师节给老师制作小礼物,发微信祝福老师,或者班会课上对老师表达真诚的感谢。孩子的想法和情感往往是与利益无关的,对教师的情感"回馈"是真情的流露和表达。教师对孩子的这种"回馈"往往会非常动情,并且体验深刻。从开始时的责任、义务,慢慢转化为内心深处涌动的仁爱之流,从而强化了对学生的爱。

来自湖南省益阳市安化县的文峰老师在平凡的工作中,践行着对学生的仁爱之心。"2002年,学校实施分层教学,文锋带了一个整体水平最差的班。开学一周,班上问题一堆一堆地冒出来。他像个消防员,到处扑火、灭火;又像警察、法官、侦探,想尽各种办法与学生周旋。一段时间后,班上有了起色。他把学生磨服了、磨怕了,学生悄悄叫他'牛皮癣',说一旦被他缠住,就像得牛皮癣一样痛苦万分。这一过程中,学生累,他也累。精疲力竭的时候,他想:为什么那么被动、无效呢?有没有办法可以改善?师生之间可不可以换种方式相处?他决定发挥侃大山的特长,用交流的方式走进学生内心。一有时间,他便逮着学生聊天,还专门开了师生信箱,设立了学生个人成长本,把周日的晚自习定为自由闲聊课。交谈中,他尊重、关注每一个学生的正当需求,通过满足这些需求把爱传递给学生。居住离校最远的同学,他每周末亲自送到家长面前;成绩落后的同学,他手把手地耐心辅导;学生进步了,他奖励亲手做的一顿饭、亲自买的一套衣服;学生的爱好特长,他理解、支持,参与他们的活动。这样简单的方法,令

---

① 胡筠若. 试谈教师的爱 [A]. //瞿葆奎. 教育学文集·教师 [C]. 北京:人民教育出版社,1991:177.

他与学生之间建立了亲密的情谊。三年下来，学生几乎都成了他的粉丝，崇敬他、信服他。他也充分感受到当班主任的快乐，在日记中写道：'当那么多毕业多年的学生不假思索地背出我的手机号码的时候，我真的有种意外的幸福；当办公桌、讲桌上放着热喷喷的早餐、美味的小零食时，我真的在感受着孩子们给我的温暖；当课后学生们里三层外三层围绕着我，我真的在享受着我期望得到的他们的信任和亲近；当毕业的留言本上，那么多学生在最好的朋友一栏上写着我的名字时，我真的觉得在学生的世界里我给自己的定位完美实现了！'当班主任，有时会累、会苦、会压抑，是因为我很在乎安排到我身边来的每一个懵懂少年，对于他们来说，我更是他们生命中最最关键的某人之一。于是，我倾尽全力付出我的心思、智慧和能量。当我的汗水灌溉出些许生机时，我想，原来这就是我追求的快乐！"

当然，文老师带班的方法远不止刚才介绍的两种。他坚持"了解做人——学会做人——认真做人"的育人模式，把做人融入学生学习、生活的各个领域，采取措施，开展活动，如文明与礼貌、理想与信念、责任与义务、班级小主人、自我剖析等。大扫除，学生拈轻怕重，甚至基本不动手，于是他召开"做人最重要，劳动最光荣"主题班会。通过一段时间的努力，班上大扫除人人争着参加，不用分工，学生都能自己找事做。劳动不积极的，处罚方式很独特：取消劳动资格一周。有校领导问学生："取消劳动资格，这不成了奖励吗？"学生回答："还奖励呢！不劳动，哪好意思！"①

从一定意义上来看，文老师并没有惊天动地的创举，他只是做好了一个普普通通的班主任。正如他自己所说："其实班主任做的就是一篇烦琐的文章、一篇单调的文章、一篇枯燥的文章，没有情节、没有华丽的辞藻，只有日复一日的重复、毫不生动的细节。但其实每天很多事情在悄悄改变。只要你的努力、付出浸润着爱和阳光，你会惊喜地发现学生身上的变化。"他的行为和话语，深刻地诠释出师德"关爱学生、教书育人"的内涵。

大音希声，大象无形，大爱无言。爱赋予我们无穷的力量，让我们勇往直前，义无反顾！

---

① 本材料由湖南省益阳市安化县梅城镇中学文锋老师提供。

思考与分享

【案例】

路，是这样走出来的^①

我不是学师范的，当教师完全是出于个人的选择。

我初中毕业以后，第一个想到、也是唯一能想到的，就是当教师。因为我的心中装着一位教师的完美形象，是他使我切身感受到了教师工作的崇高和不同寻常的意义。

我从小智力平平，生性顽皮，不爱学习，到小学五年级的时候，已创下了三次留级的"记录"。老师送给我的评语是"聪明面孔笨肚肠"。自卑的阴影笼罩着我，使我完全丧失了进步的信心。但在我五年级留级后，遇到了一位令我终生难忘的好老师——武钟英老师，这是我一生的幸运。

武老师教我们语文（当时称国文）。上课的第一天，他把我叫到办公室，拿出一本四角号码小字典，对我说："现在我教你四角号码查字法，如果你能学会，就可以证明你不是什么'聪明面孔笨肚肠'。你想证明一下自己吗？"我当然很想知道自己究竟笨还是不笨。在武老师的指导下，我很快学会了这种查字法，这使我对自己信心大增。接着，武老师又给我布置了一项任务：在他每次教新课之前，由我把课文里的生字从字典里查出来抄在黑板上，供同学们学习。一个长期被同学们看不起的"老留级生"，居然还能承担如此光荣的任务，我自然感到从未有过的自豪！由于爱武老师，也爱上他的课，我对他布置的作业都能认认真真、一丝不苟地完成，于是又不断在语文课上受到表扬。到六年级时，武老师又把我的一篇作文推荐到县里的一个报社，居然发表了。当我看到自己的名字变成了铅字，清清楚楚地印在报纸上时，真比登台领奖还要风光十倍！

1949年，当我决定投身社会、面临选择的时候，武老师的形象坚定了我当一名教师的决心。于是，我到县城西门外的一所初级小学去毛遂自荐，居然感动了校长，让我当了一名义务教师。这就是我的教师生涯的开始。

从走上讲台的那一刻起，50多年来，武老师始终是树立在我心中的一把高高

---

① 钱梦龙. 路，是这样走出来的［J］. 人民教育，2003（5）.

的标尺。是他，不断地鞭策、鼓舞着我努力做一个像他那样对学生充满爱心的教育艺术家。

【思考】

1. 根据上面的案例，请您谈谈"爱心打动人的内心"这个观点。
2. 请举一个自己或身边的教育爱的例子。

四、无私奉献和责任担当是师德的高尚境界

古语说："道德当身，故不以物惑。"[①]教育作为"天下最崇高的事业"，要求教师追求的境界应该是"捧着一颗心来，不带半根草去"。这些话语，都表达了教师要担当国家和社会赋予的责任，在教育教学工作中奉献自己的聪明智慧，奉献自己的青春时光。奉献是一个教师要积极遵守的师德规范，没有奉献，就没有教育事业的存在和发展。有时，我们还会用"无私奉献"来界定师德要求，这是一种德性原则，是教师追求的高尚师德境界。

我通过视频认识黄老师，被他憨厚、腼腆的笑容打动，驱车前往益溪学校看他。我们提议到黄老师家坐坐。半山腰出现一栋老旧的木板吊脚楼，黄老师说"到了"，我简直无法相信。厨房里，大眼灶，黑碗柜，如果没有电饭煲，我以为进了好几十年前的农家。卧室里，木板踩上去咯吱咯吱响。几件老家具，不起眼的旧收音机，塑料花诉说着电风扇的历史。就是这样的电风扇，天热的时候，还要拿去给学生用。屋子里唯一能看出男主人是体面知识分子的物件，是床顶挂着的几件衣服。拉开矮柜柜门，十几年来的备课本都在，每一本都是复式备课，尽管落满灰尘，却依然显得工整漂亮，告诉我们主人备课时的用心。

没有人倒茶端水。我们不说话，屋子里便格外冷清。女主人呢？"出去打工快二十年了。要我出去，我没答应。乡村教师一个萝卜一个坑，我走了，没人来。最近的木孔学校都有十多里，没人来，学校撤了，孩子们读书就更不方便了。"朴实的话语字字敲打着我的心，眼眶不知不觉有些湿润。老婆外出多年，

---

① 管子. 管子·戒（第二十六）[M]. 上海：上海三联书店，2014：31.

黄老师每天大清早炒碗剩饭去上班。中午，担心孩子们会吵闹、发生安全事故，他不敢回家做饭，饿着肚子直到放学。县里近年开始营养餐计划，情况有改善，可胃病已经落下了。微薄的工资，养了自家两个孩子，还陆续资助特困生近万元。村民们都陆续修建了房子，而他住的，还是爷爷留下的老房子……

临走时，黄老师送我们到学校路口。小石暴突，他一个趔趄。就在这里，他曾经扶着一个又一个、一代又一代孩子踩过泥泞，蹚过溪水。他35年独守大山，独自撑起这所学校，村里40岁以下的人都在他的"独唱"下启蒙。如今，他已五十有六。通往山外的路五年前修通，他终于不需要在开学时来回四个多小时给孩子们用箩筐挑几十公斤重的书本和作业本了。

我们的车缓缓启动。不远处，黄老师摇响了有点生锈的铁铃。铃声中，是黄老师站在教室门口的身影。门框上贴着的对联，映衬着他单薄的身影：人梯巧搭攀登路，心血勤浇栋梁材。[1]

黄能定老师就像大山深处的明灯，照亮了无数孩子的前程。像他一样扎根山区、坚守课堂的教师始终燃烧着生命的激情，诠释着师德的另一个内涵：无私奉献、担当责任！

无私奉献的另一层含义就是"廉洁从教"。即教师要保持高尚的道德情操，自觉抵制社会上的不良风气，绝不利用身份之便谋取私利。马克思在考查社会发展时，采取了"人是剧中人"的重要原则，也就是把人放到社会历史发展的大背景中，分析社会发展和社会关系对人的发展的制约和影响。马克思认为，在市场经济条件下，人与人之间是一种"物的依赖"关系。当前，我国社会主义市场经济的不断发展和完善极大地解放了生产力，促进了经济、政治、文化、社会等各方面的发展和进步，同时也使人的"物的依赖性"给教育事业的发展带来了负面影响。如"个人主义""拜金主义""货币拜物教"等，使一部分教师出现"贪、馋、占"等不良现象，严重损毁了教师的职业形象和声誉。

2014年，教育部出台了《中小学教师违反职业道德行为处理办法》《严禁教师违规收受学生及家长礼品礼金等行为的规定》（以下简称《规定》）等文件，对师德师风提出了硬性规定和刚性要求。例如，《规定》提出，"严禁以任何方式

---

[1] 本材料由湖南省益阳市赫山区海棠学校黄能定老师提供。

索要或接受学生及家长赠送的礼品礼金、有价证券和支付凭证等财物；严禁参加由学生及家长安排的可能影响考试、考核评价的宴请；严禁参加由学生及家长安排支付费用的旅游、健身休闲等娱乐活动；严禁让学生及家长支付或报销应由教师个人或亲属承担的费用。"各地采取有效措施，广泛开展整治教师收受学生及家长礼品礼金等行为的专项行动，取得了一定成效。但仍有一些地方教育部门和学校责任意识不强，贯彻文件精神和要求不力，个别教师思想认识不到位，意志不坚定，心存侥幸，仍然不收敛、不收手，违规收受甚至向学生及家长索要礼品礼金。教育部对媒体曝光和群众来信反映的一些教师收受礼品的问题进行了重点督办。

　　2014年9月，教育部通报了黑龙江省依兰县高级中学教师冯群超索礼、收礼、谩骂学生案件查处情况。

　　经查，2014年9月10日，因学生未向任课老师赠送教师节礼物，依兰县高级中学高二年级十七班班主任冯群超在第八节课上对学生进行了长时间的训斥和谩骂。冯群超离开班级后，该班学生每人凑钱1至5元，凑了395元，加上班费281元，共计676元，由5名学生到超市购买6箱牛奶送给包括冯群超在内的6名任课老师，共花费296元，剩余380元交给管理班费的同学。此前的9月5日，依兰县教育局开会传达教育部《严禁教师违规收受学生及家长礼品礼金等行为的规定》，要求各学校传达到每位教师，但该校对相关文件没有传达贯彻。教师节期间，该校34名教师接受学生赠送的茶叶、水杯、剃须刀、篮球、服装等各种礼品合计价值4084元，人均120.12元。

　　冯群超在课堂上谩骂学生并索要礼物的行为，严重违背了作为一名教师应有的基本职业道德和操守，严重损害了教师队伍的整体形象和职业声誉，对学生健康发展造成了难以估量的损害，产生了恶劣的社会影响。哈尔滨市及依兰县有关部门依据相关规定，给予相关人员处分：给予冯群超撤销教师资格处分，清除出教师队伍。

　　当前，家长对孩子教育的重视程度逐步加强，家长苦心经营着孩子的小学升初中、初中生高中以及高考，对孩子的期望值越来越高。有些教师平时上课不是很认真，却利用周末或假期办各类辅导班、培训班等；少数教师课上讲七分，留下三分课后讲，参加辅导的学生要缴纳一定的费用。这些行为，严重违反了"自觉抵制有偿家教"的师德规范。有时，我们教师不得不面对家长或各种类型的"礼物"，当这些礼物来临时，我们教师如何面对，尤其是第一次的处理方式，很大程度上影响甚至决定了以后的行为选择。我们体会，道德智慧是我们解围的最好武器。

敲门后，门开了一道缝儿，一个学生怯生生地走进来，脚步缓慢地靠向我，叫了一声："安老师。"

"有事吗？"我问。

"安老师，这本挂历是我爸爸让我送给您的，他说一定要您收下，这样我的成绩就会好起来。"

我愣了一下："一本挂历，我收下它，你的成绩就会好起来？"

"对，是我爸爸说的，反正他让我把挂历交给您。"

我望着她略带不解和害怕的样子，不禁笑了起来。家长的心啊，自然是盼望老师能多关照自己的孩子，多给她些小灶。但他们哪里知道，想让她的学习成绩打个翻身仗，怎是凭更多的补课复习就能奏效的？

看看那本挂历，又看看那张充满着期望的小脸，我说："收下你这本挂历了。"

"那太好了，下次我考试就能及格了。"

"但我有个条件。"

"您说吧，只要您收下它，什么条件都行。"

"安老师答应收下你的挂历，但不是现在，是以后。"

"那您还是不收呀，我还是及不了格。"说着，她低下了头，眼圈儿顿时红了。

我急忙说："不是不收，而是把它作为你送的'礼物'，你明白吗？"

她似懂非懂地点了点头："安老师，那我要怎样做才能让您收下这本挂历呢？"

"你只要：一上课不走神，不搞小动作；二下课认真完成作业，遇到不明白的地方就来问我；三要凭自己的努力争取考及格，我相信等到期末你一定能考出好成绩。"

"行，我一定让您收下这本挂历。"说完她就转身跑掉了。

后来，这个孩子真的按我所说的要求去做了，学习成绩也比以前大有进步。

期末考试后，这孩子又拿着那本挂历站到了我的面前："安老师，这回您总该收下这本挂历了吧？因为我考试及格了，这是我自己送给您的'礼物'！"[1]

---

① 王毓珣，王颖. 教师新师德六项修炼［M］. 重庆：西南师范大学出版社，2009：165-166.

思考与分享

【案例】

奉献——我的天职①

做了教师之后，由于党的教育和长期的教育实践，我对教师工作的意义和价值认识深化了。教师的职业非同寻常，她是神圣的事业，"传道、授业、解惑"，要面向社会、面向世界、面向未来，关系到千家万户，关系到国家建设事业发展的水平，肩上挑的是千斤重担，要尽心尽力，不能有丝毫松懈。从事基础教育的教师要深刻理解基础教育的长效性。万丈高楼平地起，从事基础教育的教师做的是"地底下"的工作，从事的是人的素质的基本建设，根子扎得正、扎得深、扎得牢固，学生将来的发展就有广阔的前途，所掌握的知识技能就能陪伴终生。教师的活儿是良心的活儿。任何人只有一个青春，青春是无价之宝，国家把青春年少、风华正茂的学生交给我们培养，这是对教师的极大信任。中学阶段虽然只是人生长河中的一小段，而这一小段正是长觉悟、长知识、长能力、长身体的关键时期，会影响一辈子的生活道路。教师要把心放在教育事业上，让学生健康成长，不辜负人民的嘱托、祖国的期望。教师职业是太阳底下永恒的职业。人不可能自然成才，总要靠培养，即使在未来的"学习社会"中，学校教育仍然是每个人学习的基础。传递人类文明，开发学生智力，塑造优美心灵，促进社会进步，仍然是教师光荣而神圣的职责。

教师的职业与祖国宏伟事业紧密相连，和提高民族素质紧密相连，和家家户户紧密相连，和孩子的现在与将来紧密相连，因此我对当教师情有独钟，深感当一名中学教师的神圣和自豪。教师胸中要有一团火，在任何情况下都会朝气蓬勃，对学生有感染力、辐射力。只有燃烧自己，才能在学生心中点燃理想之火，塑造优美的心灵。这种激情来自对社会主义忠贞不渝的信念，来自对为国为民的无数先烈、无数英雄人物的由衷爱戴与崇敬。有了这种信念和激情，受挫折后会更加刚强，有使不完的劲……

---

① 于漪. 奉献——教师的天职［A］. //今天我们怎样做教师：上海教育名师讲坛报告集［C］. 上海：上海教育出版社，2000：2-15.

一个人的生命是有限的，而我们的事业是常青的。教师的生命在学生身上延续，教师的价值在学生身上体现。作为一名真正的教师，是用生命在歌唱，用生命在实践。闻一多先生在《红烛·序诗》中写道："请将你的脂膏，不息地流向人间，培出慰藉的花儿，结成快乐的果子。"我一辈子追求的就是这种红烛精神，因为奉献是教师的天职。

【思考】

1. 奉献是教育的必然要求，您怎么看待教师的无私奉献呢？

2. 无私奉献就在身边，请列举您印象最为深刻的例子，并谈谈自己的看法。

五、公平和正义是师德的时代呼唤

公平和正义是人类社会永恒的追求，教育活动中也离不开公平正义这一主题。早在两三千年前，孔子就提出"有教无类"的思想。也就是教学生不分贵贱、贫富、年龄、美丑、优劣等，这可以说是最早的"教育公平"思想。这一思想也被后来众多的教育家如墨子、颜元、蔡元培、陶行知等继承和发展。

教师天然决定着教学资源的公平分配。教学活动中，教师天然地具有主导的优势，他们是教学活动的组织者，教学过程的控制者，教学效果的主要评价者，教师手中拥有着大量的教学资源和权利。因此，在没有其他成人存在的教学活动中，教师可以说成为这些教学权利和资源的唯一合法性、实践性的分配者。当教师面对一个学生时，其权利和资源的分配只有唯一的目标，不存在比较，所以就不存在合理、公平与否。但是，现代教学以班级授课制为主要的组织方式，一个教师会面对大量的学生，这时，就会存在着多教学主体参与分配教学权利和资源的问题。教师在分配教学资源方面，存在着其方式是否合乎公平的问题。教师对待学生是否有差别？教师分配给每位学生的时间是否公平？教师是否对特定学生有不公正的举止？在处理学生偶发的问题或关乎学生权益分配的问题上，教师是否公平？等等。

当一个教师面对多个学生时，由于教育教学资源和机会的有限性，分配中必然会面对公平正义的问题。如优秀学生的评选，课堂提问机会的分配，各种公共活动出场的次数，甚至是学生座位的安排等，都涉及公平正义的问题。比较典型的现象，如教学时教师面对许多学生，是否公平地分配教学时间给所有学生。假如教师在较聪明的学生身上花较多时间，理由是为了提升全班的学习总成绩，但是如此一来是否牺牲了能力较差的学生的利益？这一教学行为的实质就是牺牲少数学生的利益，以换取多数学生的利益，这是典型的功利主义思维模式，遵循的是效益最大化原则。我们认为，教师的公平正义是指教师在教育教学过程中正直无私地处理人与人之间的关系，公平合理地解决各种矛盾。在教育教学工作中，教师的公平正义的唯一前提应该是有利于每一个学生的健康成长和发展。教师的公平正义具体包括，教育教学活动中平等对待每一位学生、秉公办事、坚持真理等内容。"教师的公正是教师职业道德规范的一个重要范畴，是教师履行教书育人工作必备的道德品质和道德情感。"[①]每一个人有自己的公平正义观念，不同的阶级、阶层，不同职业的人们，也都有自己的公正观。教师这一职业是"天底下最光辉的职业"，要求我们教师在教育教学活动中，要努力做到公平、正义。

全国优秀教师霍懋征老师"60年没丢下一个学生"。有一次上作文课的时候，她看到一个女孩子竟然用手捂着耳朵。女孩子看到霍懋征的目光时，赶紧把手放了下来，但是依然心不在焉。霍懋征向前任的语文老师了解情况，那位老师说："没错，不知道这个学生怎么就怕写作文。讲评作文的时候，她听都不愿意听。"这是怎么回事？霍懋征心里琢磨着。

连着几次作文作业收上来，霍懋征每当看到这个女孩子的作文时，就不禁皱起了眉头，文章确实写得很不好。有一次，批改作文的时候，霍懋征发现女孩子作文中有几句比平常写得有进步，马上在她作文本上把这几句勾出来，批上："这几句非常好，表达了当时的想法。"霍懋征希望让女孩子知道，老师随时关注着她的进步。第二天上课的时候，霍懋征特地拿出那个女孩子的作文，用饱含深情的声调朗读起那几句话，并向全班同学进行讲解。

渐渐地，这个女孩子的作文写得越来越好，也有了得5分的作文，而且作文还经常被贴到教室里的《作文园地》上。一个学期之后，霍懋征推荐这个女孩子当了《作文园地》的编委。后来，这个女孩子成为一家出版社的编辑。

在采访过程中，霍懋征告诉记者："每个孩子都有上进心，都愿意学好。因

---

① 胡银堂. 幼儿师范：师德常识［M］. 郑州：郑州大学出版社，2007：8.

此，关键在老师如何教导。千万不要觉得哪个孩子笨，这是功到自然成的事情。即使100遍还不会，不是还有101遍吗？"在霍懋征60多年的教学过程中，她从来没丢下过任何一个学生。

教育公平正义在现代教育中，已经成为一个教师的底线要求。"没丢下任何一个学生"，这是对教师公平正义的最为深刻的诠释。从霍懋征身上，我们看到的是积极认真地对待每一个学生，给每一个学生提供成长和发展的条件和机会。2014年1月11日，教育部发布的《中小学教师违反职业道德处理办法》规定："在教育教学活动和学生管理、评价中不公平公正对待学生，产生明显负面影响的，给予相应处分。"

在教育公平正义的研究中，有学者区分了教育机会均等说、教育平等说、教育公平差异说等。还有的人提出把教育公平划分为教育入学公平、教育过程公平、教育结果公平三个方面。这些不同的观点和主张给我们教师什么启发呢？我们体会，教育公平正义是一个复杂的体系，它时时刻刻体现在教师的教育教学活动中。我国传统师德规范中，对教育公平正义强调不足，时代的发展、人们公平意识的增强，使教育教学的公平正义成为当前教育领域中的一个热点问题。我们认为，对于教师来说，目前最为主要的着力点是要加强公平正义的意识，把公平正义的思想贯彻到平时的教育教学活动中来。另一方面，对教师而言，大多教育公平的问题是我们难以左右的，我们能够做到的更多是教学公平，包括了教学过程公平、教学评价公平等。从另一个角度讲，我们教师会说："现实教育教学中没有绝对的公平正义。"但是我们应该以法律和良心为尺度，努力向着公平正义的方向努力。

思考与分享

1. 您在教育教学中思考过教育公平正义的问题吗？您认为在哪些方面可以再努力？

2. 我们教师对待学生、处理学生之间的关系时采取什么方式，反过来，学生就会以这种方式对待社会和他人。因此，教师的行为是否遵循教育公平正义，会在学生身上打下深深的烙印。请列举身边发生的关于教育公平正义的例子，并谈谈自己的感受。

六、以身垂范和学而不厌是师德的内在要求

孔子说:"默而识之,学而不厌,诲人不倦,何有于我哉?"[1]意思是说,一个高尚的教师应该是不断学习、勤奋教学的人。孟子也认为:"学不厌,智也;教不倦,仁也。仁且智,夫子既圣矣。"[2]"虽有至道,弗学,不知其善也。是故学然后知不足,教然后知困。知不足,然后能自反也;知困,然后能自强也。"[3]这是《学记》中关于教师的名言,意思是经过学习才知道自己知识的不足,经过教授才知道自己知识的困惑,隐含着在实践中不断发现问题、通过反思和学习不断完善自己、提升自己。

教师的教育教学水平是有差异的,我们把其划分为三类。第一类是"教书匠",这种类型的教师只是把知识简单地传送、灌输给学生,不求甚解,只教书,不育人。工作状态就是日复一日、年复一年重复地简单劳动。第二类是"老好人型"教师,能够关注学生品德的发展,关心学生的生活,但是在知识结构和教学能力方面有待提高。第三类我们简单称之为"教书育人型"教师,或者"名师"。这类教师既具有较高的教学水平和能力,同时又能兼顾学生思想品德的发展。最后一类是"专家型"教师。这类教师具备深厚的学术素养,较高的道德情操,高超的教学技能,这类教师对教育教学目的有深刻的思考和把握,能够促进学生知识、技能、情感、方法等方面的提高和发展。我们认为,教师之间知识、能力的差距不可避免,是正常的现象,但是追求高尚的道德却是人人都可以做并能够实现的,通过不断的努力学习,丰富知识、提高能力也是可以做到的。

"要给学生一杯水,自己就要有一桶水。"这一桶水的获得,需要教师树立终身学习的理念。随着学习型社会的到来,"终身学习"逐渐成为人们的生活常态。曾经我们的教师教育是一次性的,即师范生在大学学习完结后,到学校任教,一次完成学习任务。四年的师范学习,管了后面近四十年的工作所需。这种"一劳永逸"的教师教育模式,逐步难以适应社会发展的需要,于是教师教育形成了集中接受培养—职前培训—职后继续培训的一体化模式。这就说明作为一个教师,不但要"诲人不倦",还要"学而不厌",树立终身学习的理念。这是高

---

[1] 孔子. 论语·述而 [M]. 北京:中华书局,2012:93.

[2] 孟子. 孟子译注 [M]. 长春:吉林出版集团有限责任公司,2009:36.

[3] 高时良. 学记评注 [M]. 北京:人民教育出版社,1982:1.

尚师德的内在要求。

苏霍姆林斯基说："教师的知识越多，他的学生掌握基础知识就越容易，他在学生和家长中的威信和信誉就越高。"[①]"教师科学知识的不断充实——这是学生集体丰富的智力生活的十分重要的条件，是科学基础知识的讲授具有高度科学水平的前提。"[②]在业务钻研上，我们要以身垂范，学而不厌。教师要树立"学而不厌，诲人不倦"的教师观，做到教到老、学到老，如陶行知所言："一位进步的教师，一定是越教越要学，越学越快乐。"[③]并且，"无一事而不学，无一时而不学，无一处而不学，成功之路也。"[④]一个不学习的老师，很难跟上时代的发展，更无法跟上教育教学改革的步伐。"业精于勤，荒于嬉；行成于思，毁于随。"[⑤]如果不能坚持学习，不把学习当作一种生活方式，教师的教育教学水平和能力还会逐步退化。

教师应该学习哪些知识呢？我们体会，学习的知识既要"接地气"，又要追求"高、大、上"，既要学习本学科实用性的知识，又要学习党和国家关于国家和教育发展的系列精神。概括起来，主要包括下面几个方面。

首先要学习党和国家关于国家和教育事业发展的系列精神。例如，党的重大会议精神，党的"十八大"和十八届三中、四中全会精神，教育部关于"立德树人""中华优秀传统文化"教育等方面的意见。这些内容看似距离我们和学生较远，其实它们代表了国家和时代发展的方向，对我们树立正确的教育梦想提供指导，这些精神也是提高自己师德素养的重要滋养，从而使自己在思想上、道德上能够立得住、把得准。

其次是学科知识。教师的学科知识又称为教师本体性知识、学科内容知识，是指教师所教的特定学科知识，如语文对应的文学知识、语言学知识，物理对应的物理学知识，等等。学科知识主要包括：学科基本原理，学科体系，学科概念，学科理论，学科方法，学科领域的主要诠释框架等。教师所掌握的学科知识必须全面、扎实和精通，教师应该首先是所教学科的专家。在当代，知识更新的速度越来越快，学科研究的不断深入和拓展，这就要求教师了解自己学科或相关

---

① ［苏］苏霍姆林斯基. 帕夫雷什中学［M］. 北京：教育科学出版社，2005：57.

② ［苏］苏霍姆林斯基. 帕夫雷什中学［M］. 北京：教育科学出版社，2005：75.

③ 华中师范大学教育科学研究所主编. 陶行知全集（8）［M］. 长沙：湖南教育出版社，1992：608.

④ 朱熹. 朱子语类［M］. 北京：中华书局，2015：107.

⑤ 韩愈. 韩昌黎文集校注［M］. 上海：上海古籍出版社，2014：375.

学科发展的前沿动态，科学、及时、准确地更新知识结构体系。

再次是教育学科知识。教育学科知识主要包括教育基本理论、学科教学法知识、心理学知识、教学技能知识等。作为一个合格的教师，掌握基本的、科学的教育观念、教育规律、教育方法是顺利完成教育教学目标，提高教育质量的必备条件。近几年，"微课程""翻转课堂""慕课"等在我国开展得如火如荼，这在一定程度上推动了我国教育领域的课程教学改革。对这些"新鲜"知识，教师要不断学习，才能跟上教育教学前进的步伐。

最后是一般科学文化知识。有了渊博的知识，不一定成为优秀教师，但是要成为一个优秀教师必须要有渊博的知识。一般科学文化知识不仅可以丰富教师的知识基础，更能够提高教师的自身修养，增加教师的底蕴。随着生活水平的逐步提高和新媒体的不断涌现，学生获取知识的方式和途径越来越便捷，知识的宽度在快速扩展。我们教师如果不能及时学习，拓展、更新自己的知识面，就很难解决学生遇到和提出的多种问题。我们认为，教师应该培养多方面的兴趣、爱好，不断学习自然科学、社会科学、人文科学知识，从而能够"站得高、看得远"，能够居高临下、深入浅出地引导学生，满足学生多方面的求知欲。

来自湖南省益阳市的傅伟雄老师谈到了她通过不断努力学习、自我提升的切身经验。2001年，她来到市区私立学校。勤奋学习的优点助她如破土春笋，见风就长。课件不会做，她经常几个小时坐在电脑前鼓捣，实在太累就洗个冷水脸。有老师拿到《课标（实验稿）解读》，上北京参加"国培"的同事带回《支玉恒教学实录》，她都如获至宝，赶紧复印细细研读。等有机会参加全国性教学研讨活动，她每次必买回一纸箱书，如饥似渴地阅读。《小学语文教师》每年必订，《优秀小学语文教师一定要知道的7件事》《心平气和的一年级》《心灵写诗——李镇西班主任日记（一）（二）》等，都是书桌上、床头边随手可拿到的好书。她在读书中走出简单模仿，开始学习思考。随着视野打开，也不再局限于只读学科教学和班主任管理的书刊，《叶圣陶教育文集》《给教师的建议》《教学勇气》《给校长的101条建议》《每个孩子都爱学——美国KIPP学校的奇迹》……从国内到国外，几百本教育书刊读过，一本一本写旁注，读书笔记积累了厚厚几大本。在"反思""随笔"被大肆提倡之前，她自主设计了教案格式，留出专门的板块记录课堂故事及课后思考，成为学校的样板教案。她告诉自己：多做点事没什么，人总会在做事中成长。学校出校本教材，很多人怕辛苦，她接过来；课题研究没做过，很多人望而却步，她不退缩。没有经验，一点点摸着石头过河；没有时间，不逛街，不打牌，不唱歌跳舞。家务之外，她像雕塑一样坐在书桌前不动，常常一坐便到凌晨。①

"看似平淡最奇崛，成如容易却艰辛"！老师们，傅老师并非在炫耀。往更高更远处看，这些荣誉根本不算什么。但是，这是起点并不高、天资并不聪颖的他，凭借吃苦耐劳获得的幸福，他想和大家分享幸福！人和职业之间，就像人和人之间一样，你爱他，你倾注心血，就能获得回报，其实，这也是做教师的本分。檀传宝教授说："师德的问题，纯粹是为己之学——为自己安身立命，为自己提高能力。"从这个角度来说，他的成长，或许是在诠释着"执着一念、潜心钻研"的师德内涵，于他的学生、他的同事有益，于他个人的气质修为同样有益。

"学高为师，行为世范"。在道德的引领上，我们要严于律己、为人师表。"其身正，不令而行；其身不正，虽令不从。"②这是孔子对师德提出的重要思想，说明了教师的师德会在潜移默化中影响学生的发展。"积土成山，风雨兴焉；积水成渊，蛟龙生焉；积善成德，而神明自得，圣心备焉。"③教师师德的提高并不是一蹴而就的，而是在实践中不断思考和探索的过程，是一个循序渐进的过程。如果只是采取突击的方式，很难取得良好的效果。

陈燕老师任教于新疆五家渠市第一中学。她认为"学高信为师，身正堪为范"，不管是在平时的工作中还是生活中，不管是在学生面前还是在同事面前，她都注重自身的品德修养。她深深懂得人格魅力的重要性，因此，她始终以自身的行动去影响、凝聚人，并坚持做到思想认识走在前、困难当头抢在前、团结互助搞在前、完成任务干在前。作为一名班主任，每天清晨，她总是迎着朝霞第一个走进教室，课前清点学生人数，查看班级卫生情况，了解学生的思想和学习动态，然后开始一天紧张而繁忙的教育教学工作；放学时，目送着每一位学生离去后，又披着晚霞回到家中准备第二天的事务。日复一日，年复一年，从未中断。

---

① 本材料由湖南省益阳市海棠学校傅伟雄老师提供。
② 孔子. 论语·子路 [M]. 北京：中华书局，2012：188.
③ 荀子. 荀子·劝学 [M]. 北京：中华书局，2007：51.

无论发生什么事情，从没因为个人私事请过一天假，从未耽误学生一节课，年年满勤。她用自己的榜样作用和人格魅力引导学生、作用于学生。做到尊重人格不伤学生、耐心说服不压学生、公平公正对待学生、反复启发帮助学生、诚心实意关心学生。每当班里有学生生病住院，她会马上带着班委用自己的钱买上物品，代表全班同学送去温暖和关爱；当得知班上一位男生与父母发生矛盾而不愿回家时，在家长同意前提下，她一连几天将他带回自己家吃住，等情绪稳定下来，不用劝说该学生就主动承认错误，向父母道歉并要求回家。事后，她的儿子很有意见地说："妈妈对学生的关心远远比对自己的关心多。"这么多年来，有多少学生得到过她的帮助也记不清了。她从不把这些记在心上，因为做这些事都是分内事，是再平常不过的了。去年教师节临近，班里的学生给她颁发了一张特殊奖状，"世界上最好的老师"，真诚地感谢老师对他们的培养和教育。①

构成教师职业道德的几个方面是相互联系的。教师的职业理想是其献身于教育工作的根本动力；教师的义务是教师在一定的道德意识支配之下自觉遵行的一种道德责任；教师的良心是教师履行教师义务过程中道德评价的内在形式；教师的公正作为教师的一种美德，在教育活动中体现出教师的人格魅力；教师的荣誉是教师职业幸福的源泉，而没有了教师的职业幸福，教师的职业劳动也就失去了灵魂，也就不可能成为优秀的教师。②

特级教师斯霞说："要当一个人民教师，还必须严格要求自己，处处以身作则，为人师表。教师不仅是在教书，更是在教人，不管你是否意识到这个问题。尤其是小学生，常常把教师当作自己行动的楷模。孩子对父母的话不一定听，教师的话却唯命是从。为什么呢？因为在孩子的心目中，教师是知识的化身，教师是自己学习的榜样。的确，教师开启了孩子走进知识宝库的大门，教师时时刻刻在影响孩子的发展。出此，教师的一言一行、一举一动都要能够做学生的表率。"③为孩子搭建最佳成长平台，是我们勤恳工作的动力！我们是一群情系教育、甘于平淡、快乐前行的逐梦人！从我们的身上，理解了什么叫执着，什么叫奉献，什么叫担当。作为教师，奉献，你才会获得快乐；担当，你才能发现自己的价值；

① 本材料由新疆维吾尔自治区五家渠市第一中学陈燕老师提供。

② 参见胡银堂. 幼儿师范：师德常识［M］. 郑州：郑州大学出版社，2007：9.

③ 斯霞. 为教育事业服务一辈子［J］. 南京师范学院学报（社科版），1982（3）.

执着，你才会获得成功之神的青睐。师德高尚老师们的事迹，让我们唤醒了自我意识，让我们重构教育的价值观，让我们积极去追求心中的教育梦、中国梦。

综上所述，我们把教师的师德基本内容归结为六个方面，这些方面对教师的要求层级是不同的，有的需要教师必须坚守，有的需要教师积极遵守，有的属于倡导性的建议。我们认为，作为教师首先必须遵守法律，不能触及国家规定的"红线"，遵守教师职业道德规范的底线，做一个"凡人型"教师；其次，要积极遵循师德规范的基本要求，努力完善自我，做一个"好人型"教师；最后，应该心存高远梦想，遵循高尚的师德原则、规范，以人的崇高德性追求一种"圣人"的境界，做一个"圣人型"教师。

思考与分享

1. 阅读我国不同时期颁布的《中小学教师职业道德规范》，谈谈规范在哪些内容发生了变化？为什么会发生这些变化？

2. 2008年修订的《规范》中，哪些内容属于底线师德（禁止性要求）？哪些内容属于基准性师德或倡导性要求？

中小学教师职业道德要求（试行草案）

（1984年）

一、热爱祖国，热爱中国共产党，热爱社会主义，热爱人民教育事业。

二、执行教育方针，遵循教育规律，面向全体学生，教书育人，培养学生德、智、体全面发展。

三、认真学习马列主义、毛泽东思想，学习科学文化知识和教育理论，钻研业务，精益求精，勇于创新。

四、热爱学生，了解学生，循循善诱，诲人不倦，不歧视、讽刺、体罚学生，建立民主、平等、亲密的师生关系。

五、奉公守法，遵守纪律；热爱学校，关心集体；谦虚谨慎，团结协作；与家长、社会紧密配合，共同教育学生。

六、衣着整洁，举止端庄，语言文明，礼貌待人，以身作则，为人师表。

中小学教师职业道德规范
（1991年）

一、热爱社会主义祖国，拥护中国共产党的领导，学习和宣传马列主义、毛泽东思想，热爱教育事业，发扬奉献精神。

二、执行教育方针，遵循教育规律，尽职尽责，教书育人。

三、不断提高科学文化和教育理论水平，钻研业务，精益求精，实事求是，勇于探索。

四、面向全体学生，热爱、尊重、了解和严格要求学生，循循善诱，诲人不倦，保护学生身心健康。

五、热爱学校，关心集体，谦虚谨慎，团结协作，遵纪守法，作风正派。

六、衣着整洁、大方，举止端庄，语言文明，礼貌待人，以身作则，为人师表。

中小学教师职业道德规范
（1997年8月7日修订）

一、依法执教。学习和宣传马列主义、毛泽东思想和邓小平同志建设有中国特色社会主义理论，拥护党的基本路线，全面贯彻国家教育方针，自觉遵守《教师法》等法律法规，在教育教学中同党和国家的方针政策保持一致，不得有违背党和国家方针、政策的言行。

二、爱岗敬业。热爱教育、热爱学校，尽职尽责、教书育人，注意培养学生具有良好的思想品德。认真备课上课，认真批改作业，不敷衍塞责，不传播有害学生身心健康的思想。

三、热爱学生。关心爱护全体学生，尊重学生的人格，平等、公正对待学生。对学生严格要求，耐心教导，不讽刺、挖苦、歧视学生，不体罚或变相体罚学生，保护学生合法权益，促进学生全面、主动、健康发展。

四、严谨治学。树立优良学风，刻苦钻研业务，不断学习新知识，探索教育教学规律，改进教育教学方法，提高教育、教学和科研水平。

五、团结协作。谦虚谨慎、尊重同志，相互学习、相互帮助，维护其他教师在学生中的威信。关心集体，维护学校荣誉，共创文明校风。

六、尊重家长。主动与学生家长联系，认真听取意见和建议，取得支持与配合。积极宣传科学的教育思想和方法，不训斥、指责学生家长。

七、廉洁从教。坚守高尚情操，发扬奉献精神，自觉抵制社会不良风气影响。不利用职责之便谋取私利。

八、为人师表。模范遵守社会公德，衣着整洁得体，语言规范健康，举止文明礼貌，严于律己，作风正派，以身作则，注重身教。

中小学教师职业道德规范
（2008年修订）

一、爱国守法。热爱祖国，热爱人民，拥护中国共产党领导，拥护社会主义。全面贯彻国家教育方针，自觉遵守教育法律法规，依法履行教师职责权利。不得有违背党和国家方针政策的言行。

二、爱岗敬业。忠诚于人民教育事业，志存高远，勤恳敬业，甘为人梯，乐于奉献。对工作高度负责，认真备课上课，认真批改作业，认真辅导学生。不得敷衍塞责。

三、关爱学生。关心爱护全体学生，尊重学生人格，平等公正对待学生。对学生严慈相济，做学生良师益友。保护学生安全，关心学生健康，维护学生权益。不讽刺、挖苦、歧视学生，不体罚或变相体罚学生。

四、教书育人。遵循教育规律，实施素质教育。循循善诱，诲人不倦，因材施教。培养学生良好品行，激发学生创新精神，促进学生全面发展。不以分数作为评价学生的唯一标准。

五、为人师表。坚守高尚情操，知荣明耻，严于律己，以身作则。衣着得体，语言规范，举止文明。关心集体，团结协作，尊重同事，尊重家长。作风正派，廉洁奉公。自觉抵制有偿家教，不利用职务之便谋取私利。

六、终身学习。崇尚科学精神，树立终身学习理念，拓宽知识视野，更新知识结构。潜心钻研业务，勇于探索创新，不断提高专业素养和教育教学水平。

第四章

师德的基本关系范畴

道德反映的是内心的德性与外在的人的关系，那么，反映师德问题的关系究竟有哪些呢？基于新时期师德概念的理解、师德规范的价值取向和师德内容的重新界定，我们认为，新师德的关系体系至少应该包括四个方面的内容，即教师与自己（自我、家庭），教师与学生（班级、教学、管理），教师与同侪（教师团队、学校），教师与社会（学生家庭、社区、社会与国家）。良好的师德，体现在教师与这些关系的交互活动与影响之中。

从教师交往关系由内而外、从小到大的逻辑顺序，我们认为，师德发展需要我们教师在充分自我审思的基础上，努力找寻教师职业幸福的方向；需要在师生关系中，以关怀为核心，付出爱心，体现尊重，让教育充满温暖的力量；需要努力提升教师与教师群体交往的品格，让教师这个独特的职业散发出独有的自在的芳香；需要正确厘定教师与家庭、教师与社会的关系的同时，将包括教师在内的"人"作为最根本的关切，让师德修养始终闪耀着人性的光芒。本章拟就这四个向度，就师德的基本关系范畴及其实践问题展开简要讨论。

一、指向幸福的教师自我发展

处理好"我"与"我自己"的良好关系，是一切关系开展的根本性前提。我们体会，新师德视野中的师德发展，首先应立足于教师自我发展，谋求教师教育生活的幸福。幸福是什么？教师的幸福是什么？马克思在《青年在选择职业时的考虑》一文里谈到幸福时说："在选择职业时，我们应该遵循的主要指针是人类的幸福和我们自身的完美。不应认为，这两种利益是敌对的，互相冲突的，一种利益必须消灭另一种的；人类的天性本来就是这样的：人们只有为同时代人的完美、为他们的幸福而工作，才能使自己也达到完美。"①

可见，在革命导师看来，人的幸福往往是从为他人服务的工作中来，从与他人的交往中来。因此，马克思主张，不应该把自我利益和他人利益抽象地对立起来，而是应该在工作中，将自己的幸福与完善和他人的幸福与完善结合起来。这就为我们研究幸福与教师职业道德的关系提供了根本的指导原则。具体到教师这个职业，有学者认为，教师的幸福是教师的职业道德建构的出发点和归宿，理解教师的幸福，是理解教师的职业道德和教育伦理体系的重要纽带。②由此，我们谈论师德关系，确实难以绕开教师幸福这个话题。教师职业的终极关怀，应该也必定是指向教师幸福的。

（一）亲爱的老师，今天您幸福吗？

2011年，人民网教育频道与《现代教育报》联合推出了一个"教师的幸福指数"调查。结果显示，在参与调查的13973人中，认为自己生活和工作幸福的不到两成，近六成教师认为还过得去、幸福指数一般，近三成教师认为自己不是很幸福。③

笔者也曾在网络空间里做过一个小范围调查："作为教师，您觉得幸福吗？为什么？"这个问题引起很多一线教师的兴趣，并且得到积极的回应。据统计，在百余条留言中，有三种主要观点：大多数教师认为自己的工作既幸福，又有着烦恼。比如有一位教师回复说："内心是幸福的，嘴巴却不停地埋怨这累那累！"将近30%左右的留言者认为自己教师工作幸福。其中一位小学女教师的回复最有

---

① 许庆朴，郑祥福，周庆行，等. 马克思主义原著选读 [M]. 北京：高等教育出版社，1999：6.
② 参见檀传宝. 教师伦理学专题——教育伦理范畴研究 [M]. 北京：北京师范大学出版社，2010：23.
③ 参见调查：教师幸福指数令人担忧 幸福人不足两成 [DB/OL]. http://edu.people.com.cn/GB/15629819.html，2015-2-10.

代表性。她说："我觉得作为老师是幸福的，有那么多孩子仰慕你，你可以将自己对生命的感悟传递给你的孩子们；我觉得作为老师是幸福的，有那么多家长将自己宝贝的孩子交付给你，他们信任你，支持你！偶尔的不快和辛苦，来自于上级的额外任务，同事之间的竞争，家长的不理解，但是这些都不足以让我放弃自己喜欢的工作。所以我觉得，作为老师我是幸福的！"也有部分老师较悲观。来自一位乡镇男教师的留言比较典型，他说："基层学校教书就是慢性自杀""生不如死""早知如此，不如捡垃圾""基层教书哪有幸福感？其实就是走上了一条不归之路"，等等。

从这些调查和讨论来看，对于自己的职业认识，教师的感受有很大的个体差异。这些差异，主要来自工资待遇、工作环境、家校关系、评价制度等各种影响因素。

（二）教师为什么会觉得不幸福？

为什么认为自己生活和工作幸福的教师比例相对较低呢？安徽六安市双河中学一位教师翻唱的一首《新教师醉酒》，引起了很多教师的共鸣。歌词唱道："考试就在一瞬间，名次对我命关天，车房两茫茫，工资何时添。下班回家影对月，谁知吾辈心中寒，累倒在讲台，一生有大爱……"这应该道出了很多教师的心酸。

教师觉得不幸福，如果不考虑城乡及性别差距，比较共性的首先还是教师收入低。一是教师工资总量低，二是除了工资以外几乎不可能有其他隐性收入，三是个别地方存在工资拖欠问题。由于教师收入低，因而带来社会地位和职业认同度也相应较低。其次，则是教师工作量大：一是课时多，一周超过15节、20节是常态；二是附加工作量大，作业、辅导、家访、安全问题、生活管理等，压得教师抬不起头来；三是各种检查使教师疲于应付。

同时，我们也了解到，教师收入偏低和工作负担过重，之所以影响教师的幸福感，并不只是因为教师个人的物质生活水平受到了影响。很多教师都表示，与其说是给教师带来了不可忍受的物质清贫和肉体疲惫，不如说更多的是给他们带来了一种社会不公感、人生挫败感、心理失落感和精神压抑感，让他们难以体会到作为教师的自我价值实现。

教师的这种生存境况，需要学生、家长、社会的理解和政府的关怀。这种关怀,既包括物质上的,但更应包括精神上的,这是我们谈论师德问题的一个重要基础。因为只有让教师过上体面而有尊严的生活,才可能期待他们更好地做好师德表率,也就是前面我们提及的亚里士多德所说的"生活优裕,行为优良"。

(三)教师需要怎样的幸福?

在了解、理解教师的基础上,我们更要关照教师幸福的内涵。人民网调查的结果显示,教师在工作中觉得幸福的原因,觉得工作有趣的占10%,领导肯定、家长支持的占12%,环境舒适、集体融洽的占22%,学生取得好成就的占49%。[①]可见,教师觉得不幸福的原因很多,教师觉得幸福的理由却相对集中,都与教师的自我实现息息相关。

教师要幸福,其实是要努力在工作中去自我实现才有可能——这就确实体现出本章一开始引用的马克思所讲的,"人们只有为同时代人的完美、为他们的幸福而工作,才能使自己也达到完美"。然而,只有工作才能幸福,这是一回事;如何从工作中感受到幸福,以及如何认识特定的工作中的幸福,这是另一回事。教师幸福的内涵,是与工作自我实现息息相关的。因此,我们要帮助教师建立适合自身职业特点的幸福观。

1. 基于美德的幸福

教师的幸福,一定是与自身的道德修养密切相关的,这是和教师的职业特点一致的。教师要"教书育人",要"立德树人",其特殊性在于教师自身的品性既是教育的目的,也成为教育的工具。关怀伦理学研究者诺丁斯(Nel Noddings)说:"所谓美德就是一种卓越的品性,就是一种好品德,幸福与好品德之间具有一种稳定的关系。幸福既是道德生活的一个良好开端,又是在我们道德生活中产生的一种受欢迎的副产品。"[②]这就说明,教师的幸福与他整个的师德修为的确是一种正相关关系。这就是为什么我们将教师的生活幸福放在第一点来展开讨论的原因。无数优秀教师的事例也证明,当他们在教育教学工作中不断提升师德修养,并用自己的言行感染并影响他们的学生后,他们自我实现后的幸福感会得到明显提升。

---

① 参见调查:教师幸福指数令人担忧 幸福人不足两成[DB/OL]. http://edu.people.com.cn/GB/15629819.html,2015-2-10.

② [美]诺丁斯. 幸福与教育[M]. 龙宝新,译. 北京:教育科学出版社,2009:153.

　　湖南永州的盘晓红老师二十六年来坚守山区和农村学校，热爱教育事业，关心、关爱学生。2004年暑假，她冒酷暑、顶烈日，走访了65位农村孤儿和许多特困学生家庭。她不顾自己家境的清贫，义无反顾地抚养了5名孤儿。她也先后获得全国模范教师、全国优秀班主任、全国巾帼建功标兵、全国三八红旗手、全国百名优秀母亲、全国先进工作者等荣誉。她说："我工作了二十六年，用自己的爱心和真情陪伴学生成长，对于我来说是一件非常幸福的事。在我的教育生涯中……我所有的辛苦劳累都是值得的，这是我的本分，我应该做的。我现在已经享受到了作为一名人民教师的幸福和成功，我也希望有更多的老师享受到这样的幸福，感觉这一辈子选择做教师，无怨无悔。"[①]

　　盘晓红老师用自己的行动诠释着这样的道理：有着高尚道德追求的教师，更有可能感受到教师职业的幸福，也应该收获属于他们自己的幸福，这就是我们所说的"德福一致"。这并不是在唱道德高调，而是一个很朴素的真理：追求教师幸福当然并不要求教师成为道德圣人，但是毫无道德追求或道德追求过低的人，确实无法体会到教师的幸福，因此也就不适合从事教师职业。

　　2. 珍视过程的幸福

　　教育是教师与学生通过实施教育教学的双向互动交往过程，这个过程不仅是学生的生命成长过程，也是教师弥足珍贵的、不可逆转的生命生长时间。教师从事教育当然需要关注教育的结果，但如果因为过于关注结果，特别是过于关注某些单一、简单的指标定义的教育结果的话，就会使教师本身无形中被"绑架"，于是身体和心灵失去自由，幸福感的体验也随之降低。

　　如果我们将教师的生活适当悬置，就会发现，其实教师的教育教学本身已经成了自己生命的一部分，如果因为某些"结果"而忽视自己的幸福，实在是对自己生命的不负责任。叶澜教授谈到课堂教学时说："从生命的高度用动态生成的观点看课堂教学，包含着多重丰富的含义。首先，课堂教学应被看作师生人生中一段重要的生命经历，是他们生命的有意义的构成部分。"[②]不只是课堂，教师与学生之间丰富多彩的各种形式的教育交往活动，都需要我们用积极的态度去珍

---

① 本案例来自湖南省蓝山县楠市中心小学盘晓红老师的师德报告。
② 叶澜. 让课堂焕发出生命活力——论中小学教学改革的深化［J］. 教育研究，1997（9）.

视、去体验这个过程的幸福。

在印度电影《地球上的星星》里，伊夏是一个有"读写障碍症"的男孩，看起来他是一个多么任性的"差学生"：迟到、逃学、在课堂捣乱、罚站时搞怪……其实他却是一个有着超乎寻常的美术天才，他用笔大胆、构思奇妙。是代课的美术老师尼克改变了这个孩子，同样，尼克也从这个孩子的教育中获得了巨大的快乐和幸福。当校长在全校美术比赛上宣布获奖名单的时候，尼克老师比任何人都紧张；当获知伊夏获得了比赛第一名，并且其作品将作为学校宣传画册封面时，尼克的脸上露出了真诚、会心的笑容。这就是一个教师最真实的幸福。

教师这个工作很奇怪，你越投入，就越享受；越敷衍，就越难受！或者就如纪伯伦所说的，工作是看得见的爱，通过工作来爱生命，你就领悟了生命的最深刻秘密。工作是一个过程，而不仅是一个取得成绩的瞬间，如果把获得结果的那一瞬间与整个过程割裂开来，那么这个瞬间也就失去了意义，是不会让人感到多少幸福的。这正如鲁迅先生所指出的："倘说为别人引路，那就更不容易了，因为连我自己还不明白应当怎么走。我只很确切地知道一个终点，就是：坟。然而这是大家都知道的，无须谁指引。问题是在从此到那的道路。"[1]鲁迅先生的意思是：人生的结果其实只有一个，那就是坟墓，因此人生的意义和区别，不在于这个结果，而在于每个人走向这个结果的过程，在于你在这个过程中体验过什么、收获过什么。

3. 教师幸福是一种"雅福"

所谓"雅福"，指的是教师幸福的精神性，是"在物质待遇既定的情况下，教师生活有恬淡人生、超脱潇洒——或者说有'雅'的一面"[2]。"雅福"是真正意义上的、精神意义上的幸福。

教师的幸福不仅"雅"在其内容，也"雅"在其形式。教师帮助学生完成人生的成长，是"立德树人"，是在一个相对单纯、简单的精神世界里，与在成长、待完善的有个性的教育对象进行对话、交往并共同进步。所以，教师工作的性质决定了教师的幸福不但具有高尚、积极的内容，而且也必然具有一种"高雅""典雅""素雅""雅致"的形式。我们的劳动对象不是冷冰冰的机器、原材

---

① 鲁迅. 写在《坟》后面［DB/OL］. http://www.xiexingcun.com/luxun/01/021.htm, 2015-1-1.
② 檀传宝. 教师伦理学专题——教育伦理范畴研究［M］. 北京：北京师范大学出版社，2010：34.

料、数字，而是活生生的有着丰富情感体验的儿童；而我们所传授的，又都是千万年人类文明的精华，这些精华早已形成了自己特定的、富有魅力的表现形式。正因为这样的工作性质，我们确实才可能以一种宁静的方式诗意地栖居。教师这个群体更有可能将自己的生命融入自己的工作中去，并从中感受到幸福。

李镇西老师在《爱心与教育》里说："翻开我19年来所写的一本本教育手记，我自己都禁不住被自己感动了，那一页页发黄的文字，化作一张张老照片在我眼前变得清晰起来，分别多年的学生们正跑着跳着向我涌来，他们纯真的笑声萦绕在我的耳畔……正是在那怦然心动的一刻，我做出了一个庄严的决定：我一定要把我和我学生的故事写出来，让更多的人和我一起分享这教育的幸福与美！"[①]

李镇西老师这种分享的"雅"，这样的书生意气，也只可能在教师身上才可以找到，也只有教师才可能在这个过程中怡然自得。这种"雅"，当然不是矫揉造作的附庸风雅，而是教师人格魅力的外显，是师生间长期互动的浓缩。正如李泽厚先生所说的，它是积淀着丰富内容的"有意味的形式"。

4. 教师的幸福不是即时回报的幸福

教师的幸福具有一定的延迟性，可能不能够得到即时补偿。教育过程本身不是工业生产，不可能急功近利，教育是一个"静待花开"的事业。教育本身不直接生产产品，而是"教书育人"。一方面，教师育的"人"具有较长的生长周期，教师在短时间内不一定能看到学生的成就；另一方面，教师往往可以从学生的反馈中获得幸福，而学生的反馈大都是在他们进入到后一个学习阶段之后，乃至在进入社会、成家立业之后才得以回馈。

然而，一旦教师收到来自学生的回馈，他的幸福感就会油然而生。2014年湖南省"最可爱乡村教师"刘生富老师有这样的人生体验："2012年5月30日，我的五个学生把我推进了手术室，他们用自己精湛的医术把我从鬼门关拉了回来。他们三个医师、两个护师为我做了5个多小时的切肾手术。"[②]每次与人说起这些，刘老师都说自己非常幸福。刘老师的幸福，是由他对学生的好一点点积累而来的，但他得到回报时却是几十年之后。

还有些延迟性的回报，是当事人已经看不到的了。比如，毛泽东在与美国记

---

① 李镇西. 爱心与教育 [M]. 北京：文化艺术出版社，2010：289.
② 本案例来自湖南省溆浦县桥江镇大湾学校刘生富老师的师德报告。

者斯诺的谈话中，深情评价他的老师杨昌济是"一个道德高尚的人"，这已经是杨先生逝世十多年之后了；而这位被杨老师称为"海内人才"的韶山学子，则更是在老师逝世近三十年后，才建立了新中国，实现了老师"强避桃源作太古，欲栽大木柱长天"的教育理想。但这种迟来的回报，并不是一位教师的遗憾，而恰恰是他的光荣：伟大教师的教育生命，并不终结于他的自然生命，而是会被他的学生世世代代地延续和发扬——一位教师想到自己有可能得到这样的无穷回报，怎能不油然而生巨大的自豪感与使命感？

（四）教师的幸福在哪里？

幸福在哪里？似乎谁也没有明确答案。但至少我们知道，幸福是属于教师自己的。卡耐基说："请在你旅途所经之处播撒鲜花的种子，因为你可能永远都不会在同样的路上再次旅行。"①或许，就在你不断播撒鲜花种子以后，你才会不经意间收获幸福！

1. 教师的幸福在学生的记忆里

李镇西老师说："教师的荣光都在学生的记忆里！"这句话非常有道理。正如我们前面讨论的，教师的幸福是精神性的、非即时性的，是珍视过程的，是基于美德的，所以在我们漫长的教育生命里，总会有那么多学生会将某位教师的名字刻在心里。

之所以被学生记得就觉得幸福，是因为教师体认到自身曾经的付出得到了充分认可和尊重，这是教师内在较高层次的需求在一瞬间得到极大的满足和实现。当我们在教育生涯里不断这样被学生"记得"，如节假日的问候、生日的庆祝、偶然的团聚、特别的看望等，这些属于教师特有的幸福都与记忆有关，这是因为教师的工作终会被学生和社会"懂得"，所以他们愿意用这种朴素的方式来"记得"，教师的幸福就在这种持续的却又不连贯的"记得"中滋长蔓延。

2. 教师的幸福在自身的淡定与从容里

在当前我国教育投入还没有大幅增加、教师待遇未得到根本改观之前，教师的经济基础和社会地位还很难有大幅度提升，加上有区域不平衡和城乡不协调的情况存在，只要稍加比较，我们就可以看到行业、地区的差别。当然，我们一方

---

① ［美］戴尔·卡耐基. 卡耐基励志经典大全集［M］. 翟文明，编译. 北京：华文出版社，2009：237.

面有责任呼吁政府通过加大投入和政策调整来改善教师的经济与社会地位，但另一方面，也需要提倡教师通过内在修炼，不纠结于这样的差别存在，通过境界和品格的提升，以自己最舒适的方式生活，提升自身幸福感。

杨绛先生在百岁感言时说："一个人经过不同程度的锻炼，就获得不同程度的修养。好比香料，捣得愈碎，磨得愈细，香得愈浓烈。我们曾如此渴望命运的波澜，到最后才发现：人生最曼妙的风景，竟是内心的淡定与从容……"从这个意义上讲，师德本质上是一种自我修炼。在当前的环境中讲师德修养，其实也是修身、修心。凡事真心诚意地去做，自然会得到学生和社会的尊重和喜欢，自然就会慢慢体验到作为教师的乐趣以及崇高所在。所谓调整心态，修好自心，一切境遇都会随心转。所以，百转千回始于心，教师也需要不断找回自己的对于教育的初心，不忘初心，方得始终。

3. 教师的幸福在师生共同的进步与成长里

对于教师而言，社会给过很多非常高的评价，如"人类灵魂的工程师""太阳底下最光辉的事业"，是"春蚕"，是"蜡烛"，是"园丁"，等等。这些教师的"符号"隐喻，一方面反映了社会对教师职业的尊崇，但另一方面，也确实有一个潜台词，就是牺牲和奉献似乎是应有之义，因此，莫名地给教师职业抹上了一层悲情的色彩。

其实，教师从来不应该是单向地付出和奉献，教育也不只是一味地灌输与传授，而是教师与学生的彼此点燃、相互激励，并共同唤醒。苏霍姆林斯基说："我认为青少年的教育者的使命就在于，他要跟每一个少年和青年一起，构筑起他的精神生活的大厦。作为教育者来说，他的工作就不仅是跟学生在课堂上见面，而且应当是跟学生同一信仰的志同道合者，相互倾慕，找到满足像马克思所说的人对人的需要的巨大幸福。"

最好的教育，或是教育者与受教育者的共同成长。哲学家雅斯贝尔斯说："教育的本质意味着，一棵树摇动另一棵树，一朵云推动另一朵云，一个灵魂唤醒另外一个灵魂。"这种摇动、推动和唤醒都应该是相互的、双向的、多维的。教师与学生是在教育的过程中共同进步与成长，教师的工作其实就是不断成就学生，并且也发展自己。教师幸福的至高境界也在于此。

那么，教师幸福与不幸福的界限在哪里？我们认为，若将教育教学当作谋生的手段，他可能是不幸福的；若将教育教学以及与学生的交往当作自己的心智能力和生命价值的实现来看，他可能是幸福的。这就是我们第一章提及的，在于教师到底将这份工作看作是"职业"还是"事业"的差别。诚如马克思说的一样，前者是一个"必然王国"，后者是一个"自由王国"。

思考与分享

【案例】

　　一位工作三年的女教师说："理想和现实总有距离，没有基础哪来上层建筑？有时不能说现在的老师市侩，有时是现实逼得我们慢慢变坏。因为原本想要的没有了，之后想要的得不到，只有逼自己现实一点。回想我们自己刚出校门，走上那三尺讲台，心中也是充满理想、抱负的。可现实一次又一次地抽我们的嘴巴，于是我们闭上了嘴，关上了心，有的甚至是做了自己以前嗤之以鼻的人。"

【思考】

　　1. 请结合本节关于教师幸福感的讨论，对这位教师的观点进行分析。
　　2. 回顾自己的教师生涯，哪些事情曾让您感动或者觉得幸福？为什么？

二、关怀型师生关系的建构

　　教师的主要工作对象是学生，教师的工作内容也大多是在与学生的交往关系中完成的。因此，讨论师德，离不开关于师生关系的探讨。或者说，师生交往是师德表现的核心内容。联系师生关系来谈师德修养，就首先要清楚师生关系中有哪些师德修养要求，包括教师应该持有怎样的学生观、建立怎样的师生关系等。当前社会环境、家庭结构、办学理念等发生了新的变化，使得当前的师生关系呈现出新的特征。受益于美国教育学家诺丁斯的关怀德育理论，我们尝试将"关怀"作为师生关系中的核心素养，并大胆提出，师生关系中的师德可以理解为"用关怀传递关怀"。我们认为，在新时期，"关怀"应该成为教师处理师生关系的核心素养。教师不仅要懂得关怀，更要提升关怀的能力、培育关怀的品格，通过关怀传递温暖的力量，在此基础上建立平等、民主、和谐、健康的师生关系。

（一）师生关系中的核心素养

关怀是师生关系中的核心素养，那么，我们为什么要关怀、是谁的关怀、怎样关怀等一系列问题则是我们要重点讨论的。

1. 为什么要关怀？

我们"无意论证关怀是否为教育中最重要的因素，但它对于教育无时无处不在的重要性是毋庸置疑的，它以各种形式表现在关涉千百万个体学生的纷繁复杂的教育现象中"。①南京师范大学侯晶晶老师曾针对某省的小学、初中、高中、中专和大专院校做过两千余份问卷的一个调查。在"父母、老师等对你——非常关怀、关怀、比较关怀、很少关怀、极不关怀"五个选项中，有些学生将"比较关怀"作为所填的最高关怀级别。可见，在当前的教育过程中，至少从学生的角度来看，来自教师和家长的关怀是不够的。很多失败的教育案例背后，可能恰恰是来自家庭与学校关怀的缺失。一个血淋淋的现实是，父母、教师觉得自己对孩子已经是非常非常爱，而孩子却往往体会不到这种爱，由此造成了一个又一个的悲剧性故事。

诺丁斯说，必须为这样一个观点辩护："关怀是人类生活中的一个基本要素，不可以被视为可有可无的——确实所有的人都希望得到关怀。"②学生需要关怀，因为他们是在成长、待完善、会犯错的发展的个体，他们的身心发展尚不够成熟，需要包括教师和家长在内的教育者为他们创造一个安全的、宽松的、温暖的生长环境。尤其是在现代生活节奏加快、大部分学生又是独生子女的背景下，关怀的缺失将很容易让他们成为"孤独的个体"，自私、冷漠、孤僻等不良的性格特征会无形中随着这种"孤独"滋生。

由此，在这个意义上，关怀的重要性就凸显出来了。在师生交往中，教师应该以关怀传递关怀，把自己对于学生的爱心、耐心、细心等内化到点滴的关怀当中，让学生能够真正体会到温暖、信任、宽容，从而建立平等、民主、和谐的师生关系，营造适宜学生成长的舒适的教育环境。

---

① 侯晶晶. 关怀德育论［M］北京：人民教育出版社，2005：前言.
② ［美］诺丁斯. 始于家庭：关怀与社会政策［M］侯晶晶，译. 北京：教育科学出版社，2006：12.

2. 谁的关怀?

关怀一定是存在于关系之中的。那么,是否师生关系中关怀就一定是从教师到学生的单向的关怀呢? 其实不然。关怀首先当然是教师对学生的关怀,却并不只是与学生有关。

其一,关怀关系是一种主体间性的关系,也就是主要是人与人之间的关怀关系。诺丁斯用公式表示为:关怀关系只有满足下面两个条件才能成立:第一,W关怀X;第二,X承认W关怀X。也就是说教师对于学生的关怀,学生在感知和体认后要有正面、积极的回应,而这种回应恰恰是激励教师继续施加关怀的动力,因为教师知道了自己的关怀促进了学生的成长,并将这种回应转化为自己的需要,也就是自我实现。关心他人,在最重要的意义上,是帮助他人成长和实现他自己。①虽然老师对学生的关怀应该是一种独立于现实之外的品质,不该去期望来自学生的认可或者回报。

但凡好的教师,也不会奢求学生去记得自己,但倘若有学生用一些语言或者行动来承认教师的关怀,教师就会觉得这是在鼓励自己,并且确实记住了学生们这些看起来微不足道的行动,例如,一张贺卡、一个电话、一封书信等。这些言语和行动其实就是学生对教师释放的善意,点滴的善意终将汇成大海,在教师的心中回味良久。俄国作家谢林说:“当我的心不再颤抖了,我将拒绝拿起笔来创作。”因此有教师说,“当我的心不再颤抖了,我就拒绝走上讲台。”这份“颤抖”,就来自于学生被关怀后善意的回馈。

其二,不能片面强调教师对学生的关怀,也要充分重视对教师群体的关怀。只有教师在学校和社会得到真诚的关怀,他们才更有可能将这种关怀传递给他们的学生。中国的教师群体在当前的整个社会结构中确实处于弱势地位,工作性质、收入、社会影响力等与其他行业相比,处于比较不利的地位。正因为这种弱势,本应该是家庭、社会和学校共同承担责任的教育问题,却往往沦为仅仅只是学校和教师的责任。老实说,学校和教师在孩子成长的过程中,背了不少“黑锅”。在这种不公平、弱势的教师语境中,对于教师的关怀就显得尤为重要。然而,无论是政府也好,社会也好,对教师的关怀往往是言语上的重视、行动上的忽视。所以,我们如果要充分理解师生关系中的“关怀”的话,首先还是要从理

---

① 参见〔美〕米尔顿·梅洛夫. 关怀的力量〔M〕. 陈正芬,译. 台北:经济新潮社,2011:1.

解和尊重教师出发，给予这个最需要关怀的群体最实在的关怀，而不是停留在口头、流于形式。只有以教师为本来构建关怀的教育环境，关怀型师德建设才有厚实的基础。

所以，我们重新来审视关怀与被关怀的关系，就会明白以关怀为核心的师生关系不仅包括教师对学生的关怀，也包括社会对学校、对教师的关怀，还隐含着学生对教师的关怀回馈。这种关怀与被关怀的背后，其实也是需要与被需要的关系。学生出于成长对关怀的现实性需求，教师出于工作对关怀的心理性需求，以及教师、学生的被需要内化为自己的需要的转变，生成了一种特殊的良性循环的关怀与需要的驱动机制。

3. 怎样关怀？

（1）关怀的基础：了解、理解、尊重。

真正的关怀，应该是契合彼此需要的关怀。在教育教学实践中，我们不可否定有很多教师本着一颗真、善、美的心，愿意为自己的职业去奉献爱。然而，我们却时常可以看到，学生对于教师的某种爱并不一定接受或喜欢。原因何在？就在于我们要思考，这种对学生的善真的就是学生需要的、喜欢的、乐于接受的、效果好的吗？

要给学生真正的关怀，就需要我们首先研究我们的教育对象：学生。

第一，要全面了解学生。从记住学生姓名开始，去掌握其学习能力、性格特征、身体条件、家庭背景、社会关系等。尤其是对于所谓"问题学生"，我们更有必要去准确而充分地了解，只有在这个基础上，我们才可能去施加合适而正确的教育。苏霍姆林斯基回忆说："每个孩子都引起我的兴趣，总想知道，他的主要精力在什么上面，他最关心和最感兴趣的是什么，他有哪些快乐和痛苦等，我的小朋友圈子一天天扩大，并且像我以后才意识到的那样，连我不曾教过课的那些孩子也成了我的朋友和受我教育的了。"因此，我们要关注学生的全面发展，全面发展至少包括学生的身体、知识、技能、社会交往、心理健康和个性的发展。要关注全部学生的发展，学生的发展具有差异性、个性化，我们在评价学生时，不能只是简单地以成绩或分数为标准，评价的标准应该多元化。

第二，要尽力理解学生。要从儿童的身心发展的阶段性特征来看待他们在学校学习和生活中的表现，理解他们可能的过失，宽容他们可能的性格缺陷，并努力引导他们去发现和成就一个更好的自己。当前的中小学生基本上是独生子女，城里的孩子可能从小生活在一个较为宽裕的成长环境中，物质富裕、轻松，但无可避免地会有生活的寂寞和无聊；农村的孩子可能被迫留守，隔代教育使他们感觉到亲情的缺失和沟通的障碍，自然就免不了会有闭塞、忧虑等个性特征。理解他们，是开展良好教育的前提。

第三，要真诚尊重学生。我们要尊重学生的人格，尊重他们的情感世界。尊重学生的人格，突出学生的主体地位，欣赏学生独到的见解，要平等对待学生，并学会赞美，去发现学生值得称道的地方。因为人人期待被关注，尤其是那些平常被贴上所谓"差生"标签的孩子。我们要特别注意关注"差生"，大胆地对他们表达自己的情感，并用发展的眼光看待与引导他们。李镇西说："爱学生，就必须善于走进学生的情感世界。而要走进学生的情感世界，首先就必须把自己当作学生的朋友，去感受他们的喜怒哀乐。"①

（2）关怀的能力：帮助、赏识、保护。

关怀的能力首先体现为对学生的真诚帮助。学生在成长的过程中，会犯错、会迷茫、会纠结，需要教师及时指点迷津、拨云见日，这就是教师的帮助。但帮助不能等同于包办，毕竟学生始终是学习和成长的主体。教师能做的，就是在维护学生自主发展的基础上做力所能及的"助产"。教师应该怎样帮助学生呢？株洲醴陵市2014年最美乡村教师钟艳老师做出了最好的行动示范。

2009年9月，一个男孩进入黄沙中学小学部一年级，他患有先天"进行性肌营养不良"的怪病，不能行走，病情随年龄增长而不断加重。一开始，小男孩经常一个人孤零零地坐在教室，眼睁睁地看着同学们在操场活动，偷偷流泪；他忍着一天不喝水，因为他不能独自上厕所……所有的一切，钟艳老师看在眼里，痛在心里。命运没有眷顾这个可怜的小男孩，但作为他的老师，她怎能坐视不管？为了让小男孩享受和其他同学一样的快乐与幸福，她暗暗对自己说，背也要背出他多彩的童年！于是，在黄沙中学的校园里，每天可以几次看到这样一道很感人的风景——一个年轻的女教师，弯腰弓背背着一个含着羞涩笑容的小男孩……钟老师的右腿膝盖半月板有旧伤、右手动过手术，稍微用力就会疼痛。她强忍着伤

---

① 李镇西. 爱心与教育［M］. 北京：文化艺术出版社，2010：13.

痛每天背着小男孩上下楼梯、进出教室、上厕所、参加活动……①

同时，我们还要注意发挥学生基于自主的合作和互助能力。魏书生老师认为，自己当班主任以来感受最深的一点体会和最根本的一条原则，就是"坚信每位学生都是自己的助手，自己也是每位学生的助手"，并认为坚信这条原则时，工作就顺利、就成功。②

关怀的第二项能力是对学生的赏识，包括赞赏和激励。对学生的赞赏要注意三个原则：其一是要具体。他好在哪里？为什么好？你要说清楚。其二是要及时，要发现和认可学生的转变和进步。其三是要用发展的眼光来赞赏。如果是资质不一样的学生，做到同样的效果，可能有些学生就需要特别的赞赏，因为他可能付出了更多的能力。激励是一种以正面为主的评价，在教育过程中，教师的正面激励是推动学生不断完善自我的重要力量。

关怀的第三项能力是对学生的保护。我们要保护学生的安全，让他们在成长过程中免于恐惧；要保护学生的童年，让他们的世界尽量清澈纯真；要保护学生的创造力，帮助他们去发现一个最美的自己。这正如哲学家阿尔贝特·史怀哲（Albert Schweitzer）说的："善的本质是：保持生命，促进生命，使生命达到其最高的发展。恶的本质是：毁灭生命，损害生命，阻碍生命的发展。"③

（3）关怀的品格：示范、包容、守望。

关怀重视教师的榜样作用，所以在教育过程中要求教师主动地去示范。所谓"立德树人"，首先是要立教师的"德"，端端正正书写教师自己的"人"。在与学生的交往中，教师要用自己的行动去引领学生从善向善。而对学生的这种善的要求，很多时候却又不能生硬地推到学生面前，而是需要教师用一种潜移默化的方式坚定一个道德的方向，树立一个道德的高点。

关怀还意味着教师对学生向善过程中的曲折尽力包容。学生作为一个个体，他的学习过程恰恰是从不完善到趋于完善的过程，在这个过程中他犯错的概率是很高的。从这种意义上来看，学生犯错其实是常态，教师要有胸怀去包容学生的错误。学生是会犯错的人，学校是容许学生犯错误的地方。

① 本案例来自湖南省醴陵市黄沙中学钟艳老师的师德报告。
② 参见魏书生. 班主任工作漫谈 [M]. 桂林：漓江出版社，2002：8.
③ ［德］阿尔贝特·史怀哲. 敬畏生命 [M]. 陈泽环，译. 上海：上海社会科学院出版社，2003：121.

教育既以完善人性为己任，就绝不可忽视人的意义世界的建构。精神分析学家阿德勒（Alfred Adler）认为，人从他出生下来后就在寻找生活的意义，而人只有通过学习，才能真正构建起堪称为人的意义世界。[①]因此，教师有责任帮助学生去寻找到他们自己生活的意义，在这个寻找的过程中，就需要我们有耐心去守望，去静待花开。

（二）健康师生关系的质性要求

在关怀理念下，健康的师生关系应该有怎样的质性要求呢？我们认为，平等、民主、和谐应该成为师生关系的价值追求。

平等意味着教师与学生是在人格上完全平等的个体。在教育过程中，教师闻道在先，学生却可能后发有力。这种平等的师生关系，就意味着我们要充分尊重学生的主体地位，从相信学生开始，通过教师的适当引导实现学生的自我发展。新时期的师生平等，其实还在于我们更要尊重教师的平等地位。教师在社会中的弱势地位，可能会影响到部分学生与教师的关系。我们不能一方面强调学生应是自身的主人，是学习的主体，另一方面却忽视了教师在学校管理和教育实践中应该有的平等和尊严。北京十一学校李希贵校长提出"学生第二"，实际上是要充分肯定教师在教育中作为教育者主体地位的不可动摇性。

民主意味着在师生关系中教师要充分发挥学生的主观能动性，通过解放学生的思想和手脚来完成教育教学过程，实现科学管理。民主首先在于教育目标设定的民主。如杜威所说，如果教育者设定"自己的"宗旨，作为儿童成长的适当目标，这就如同农夫不顾条件而树立一个农事理想，二者同样荒谬。[②]其次是教育过程的民主。罗恩·克拉克（Ron Clark）说，他觉得学生才是克拉克学校真正的缔造者。车轮、滑道、音乐、学习热情，所有的传统都是我们所有人一起创造的，也包括孩子们，他们是这一切背后的灵感所在，他们是克拉克学校真正的缔造者。[③]

和谐，是古往今来人类孜孜以求的美好理想和愿望。而调动一切积极因素构建和谐文明的校园环境，也将是一个永恒的主题。和谐的师生关系，实际上应该

[①] 参见鲁洁. 当代德育基本理论探讨［M］. 南京：江苏教育出版社，2010：129.

[②] 杨自伍. 教育：让人成为人——西方大思想家论人文与科学［M］. 北京：北京大学出版社，2010：114.

[③] ［美］罗恩·克拉克. 罗恩老师的奇迹教育——点燃孩子的学习激情［M］. 李文英，等，译. 北京：中信出版社，2012：121，122.

是好的教育实施的必然结果，是教师与学生生命的水乳交融。在这种关系中，教师与学生是彼此尊重、彼此悦纳、彼此信任的。同时，注重师生的共创共享与教学相长，教师与学生共同体验和分享教育中的快乐、成功、失望与不安，是教师与学生在相互适应的基础上，相互启发，是师生认识的不断深化，共同生活质量的不断跃进。

思考与分享

1. 请思考：维系与学生的关系，除了一颗真诚的心，我们还希望对学生的友好关怀能得到友善的反馈，您有没有类似的经历与感受？

2. 阅读米尔顿·梅尔洛的《关怀的力量》，学习提升关怀学生的方法技巧，理解细节的力量。

三、基于学校场域的教师交往

场域理论是社会心理学的主要理论之一，是关于人类行为的一种概念模式，它起源于19世纪中叶的物理学概念。总体而言，它是指人的每一个行动均被行动所发生的场域所影响，而场域并非单指物理环境而言，也包括他人的行为以及与此相连的许多因素。从学校场域的视角来考察教师交往，至少要涉及教师同侪交往、上下级交往以及个人与组织交往几个场景。我们主张，教师需要了解学校场域中教师交往的特点，推动基于教师同侪交往关系的师德要求和素养提升，让教师的交往散发出自在的芳香。这种自在的芳香，是因"谈笑有鸿儒"的交往超脱，是"悠然见南山"的德性从容，也是"山不在高，有仙则名"的自我悦纳。

（一）基于学校场域的教师交往特点

一位幼儿教师曾抱怨道："都说男女搭配，干活不累，然而，这一行业的特殊性决定了这里是女孩子的天下，干活当然容易累。还有句话叫异性相吸、同性排斥，年轻的女教师之间容易出现相互排挤、互相妒忌。作为一名老教师，我就曾经遭受过有的教师当面的冷嘲热讽和诋毁，原因只因为我得到了领导的赏识，工资稍比她高一些。我也不明白，为了这点钱，她犯得着大动干戈跟我争吗？自己把工作做好才是关键啊！我不知道这是人性的弱点还是女人之间的悲哀。在女人堆里久了，会出现一些这样那样的不愉快。"①

从这个案例里，我们看到了教师的同侪关系远没有想象中的简单纯朴。为什么会这样呢？其实，教师由于生活在一个共同的特殊的场域，形成了独具特色的群体，长期的生活方式、工作环境、家庭关系、教育背景的影响，使得这个群体有其共同的交往特征。

1. "想象的伊甸园"

很多人以为教师之间由于利益冲突较小，人际关系也较为简单，因此认为，教师交往也会是纯粹的、诗意的田园式的关系。而事实往往并非如此，这是个"想象的伊甸园"。之所以这样，可能在于教师本身性格特征所致。教师存有自尊与自卑相交错的复杂而矛盾的人格。较强的社会责任感、义务感、荣誉感以及较高的自我实现的需要和自尊需要，使教师背负着沉重的道德和精神枷锁，而相对较低的社会地位和由于收入偏低带来的经济压力，又让一些教师产生一定的自卑感。这种理想与现实、精神与物质的不平衡，让一些教师滋生出内心失落的心理特征。这样的心理特征，使得教师的交往被无形中打上了某种较为悲情的色彩。乐观、积极、阳光，这些本应是教育工作者必需的心理品质，但在不少教师身上，却往往表现为萎靡、悲观、消极。而这种心理和情绪，往往在交往过程中被放大渲染并彼此传递。

2. "不自觉的精神高地"

教师群体普遍文化水平较高，对于精神的追求要高于其他职业群体，他们也往往追求完美、严于律己，注意自己在学生目前以及社会上的形象；但另一方面，却又容易给人一种自视清高乃至孤芳自赏的趋向。教师的交往从内容上来看，是一种偏向以精神实现和内心满足为主的活动，在工作上以教育教学为中心，在生活上也往往更多集中于下一代的教育问题，业余活动则也是以"雅"的方式为主，并且一般不与金钱发生大的联系。这样实际上在不自觉中就为自己设置了一个精神的高地，在这个高地上，他们自我欣赏、自我满足。教师在自己的

---

① 幼儿教师在人际关系中遇到的困惑［DB/OL］．海南燕燕工作室博客，见http：//blog.tianya.cn/post-3939414-36843655-1.shtml，2015-1-16.

精神高地里，一方面似乎在做一个有良心的"好人"的精神指向上自我满足；另一方面，却又因物质条件和社会地位的不对称性而内心纠结。

3. "自我囚禁的鸟"

学校交往环境的封闭性，使得教师与其他职业、社会阶层不自觉地隔离。教师职业的工作方式本身就相对独立和封闭，与社会各阶层的交往机会较少，这样似乎让教师缺少人际交往技能提升的环境和条件。再加上教师主观上存在"角色固着"的思维定式，在很多场合都摆脱不了教师的职业身份，并往往喜欢有意无意地去教导他人，处处都呈现出一个"教师"的角色身份。这样的"角色固着"往往并不招人喜欢，这样反馈回来的信息则强化了教师的心理"自我囚禁"。教师的这种对外的"自我囚禁"，也会影响到教师自身的交往，在工作生活中不经意地"画地为牢"，影响了与同事和领导的关系。

（二）教师同侪交往中的师德要求

在新师德视野下来思考教师同侪交往，需要我们跳出简单的"道"的范畴，从方式方法的角度来帮助教师加强交往中的师德修行。笔者这里无法面面俱到，仅就教师的交往品德能力提升方面做一些探讨。

美国英特拉托（Sam M.Intrator）主编的《我的教学勇气》对教师教学同伴互助方面也有着相近的论述："人总是要处在某个集体之中并在集体中成长。如果集体里面的成员能够互相赞赏，合作解决问题，有着共同价值观和相互尊重的关系，就能促成每个成员意气风发地发挥最大作用。"这本书关于教师职业倦怠的探因有五条，其中之一就是"我们感到孤立无助"。①

教师为什么会感到孤立无助呢？这里当然有客观的各种原因存在，但从师德修养的角度来看，可能还是在于教师自身的交往沟通能力有待提升。

师德视野中的教师有效沟通，不但是一门教育艺术，更是教师自我生存的技能。沟通能透过人的眼睛和耳朵的接触，让在沟通的两个人相互了解。有效沟通在教师职业中非常重要，教师应通过加强对有效沟通的理解，丰富有效沟通的方式方法，提升有效沟通的能力，让教师的师德行为不停留在一个孤立的个体层面，而是从关系中来发展，以团队的依托来修行。

---

① ［美］英特拉托. 我的教学勇气［M］. 方彤，陈峥，郭婧，译. 上海：华东师范大学出版社，2008：135-139.

1. 教师交往的三个层次

人的交往范围总是从自我出发，由小到大，由窄到宽渐次延伸和拓宽。从纵向来看，教师沟通包括有个人、组织和学校三个递进的层面。

个人交往：当然这也是针对整个学校发展视角来看的，比如，教师个人如何融入学校团队，如何在团队中充分展现才能，发挥作用。教师与教师之间如何通过良好的沟通建立健康和谐的关系，如何通过沟通来促进教师自我的专业发展，如何有效依托团队来实现个人与团队的共同进步，都显得十分重要。

组织交往：把个人层面的沟通上升到组织的层面，是对沟通概念的升级。这里实际上类同于把一个教育教学组织"降级"理解为个人。在实际的教育实践中，教师不仅要面临着与各种组织的沟通，同时也有可能代表组织与个人进行沟通。

学校交往：学校既是教师个体的构成，但又往往有着独立的某种"人格"。当然，这种"人格"一定承载在某些学校领导或者代言人身上。教师有权利和义务在学校的上传下达中进行必要的沟通。《学记》提到，"独学而无友，则孤陋而寡闻"，可见，凭个人单干是无法取得任何教育教学的成功的。

湖南省最可爱乡村教师李小龙从事网络助学7年，5万公里行程，筹集200余万元善款，资助600多名贫困学子，带动57批次580人次志愿支教，筹集到1万余册爱心图书、1万余件爱心衣物、1所爱心学校、3个爱心图书室、1栋爱心房屋等，组织实施28次大型的公益活动，建立9个助学分站。说起这些成就，李小龙从来不愿把功劳归到自己一个人身上，在他的感召下，一大批乡村教师成为他的团队成员，尤其是在他所在的乡村中学，他的同事、领导都成了他助学的志愿者。[①]

作为师德模范，李小龙能够将大量的精力投入助学工作中去，其中关键的因素是他基于朴实、真诚的良好沟通能力，正因为如此，他才可能得到朋友、同事和领导的大力支持，他的事业才更加蒸蒸日上。

---

① 本案例来自湖南省湘乡市龙潭八一中学李小龙老师的师德报告。

2. 教师有效交往的三个层次

魏书生老师谈到教师人际关系时说道：

"怎样处理好人际关系？也好处理，也不好处理，想得太多反而不好处理，只要坚持与人为善的宗旨，对谁都好心，能助人时且助人，即使对反对自己的人也决不加害，一片好心，一片诚心就好办。人心与人心之间，像高山与高山之间一样，你对着对方心灵呼唤：'我尊重你——'，那么对面山谷的回音也会是：'我尊重你——'。学校领导一定要尊重教师，设身处地为教师们着想，要把自己放在服务员的地位，至少也放在平等的地位，而绝不能以为自己是个负责人，就强迫人家接受自己的观点。对别人要一片好心，与人为善。能助人时且助人，宁可人负我，不可我负人。这样，别人由于你的存在而快乐，你自然也就容易笑起来。"①

魏书生老师所讲的"与人为善""尊重""平等"等，其核心就是教师良好的交往品质。如何才是教师好的交往品质呢？从效果角度来看有三个层次。

其一是传达，形象地说就是"入耳"。这是最低级的沟通方式，也是效率最低的沟通。这种沟通常常是基于义务或者任务，说者与听者之间主客体分明，听者更多的是被动接受，很少有交互性和反馈，最多是一种"物理感应"。

其二是内化，形象地说就是"入脑"。这个层次的沟通，是一种有效的沟通，能够促进观念转变和情感波动。说者与听者之间互动频繁，反馈的信息往往推动沟通的进一步开展，沟通双方产生"化学反应"。

其三是共鸣，形象地说是"入心"。沟通达到这个层次的两个标志可以用两个词来概括：一个是共鸣，一个是震撼。心灵上的共鸣，或者是振聋发聩，或者是醍醐灌顶的感觉。这种沟通是一种互动和互相悦纳的感觉，沟通双方有强烈的"心灵之约"。

3. 教师同侪交往中的心智模式改善

不可否认，每个人都有自己独特的心智模式。所谓心智模式，是指深植我们心中关于我们自己、别人、组织及周围世界每个层面的假设、形象和故事。

---

① 魏书生. 班主任工作漫谈［M］. 桂林：漓江出版社，2002：314-315.

心智模式深受习惯思维、定式思维、已有知识的局限。心智模式的前提是我们每一个人有自己的心智图景，它指的是我们头脑中有关世界如何运作的种种心理图像——常常被默默地保持着，编排着我们所相信的数字，帮助打造我们的现实，并为决策提供基础。如果与我们的心智图景相匹配，那就是我们一定能够理解的。不同的心智图景代表了不同的现实：某一心智图景所理解的东西可能未必是另一心智图景所理解的，而不同的现实又会引导人们选择完全不同的行为。[①]

肯定"心智模式"是一种思维定式，就能够理解教师在认识事物的方法和习惯上确实存在共同的心理特征和行为方式。当教师通过改善自己的心智模式与认知事物发展的情况相符时，就能有效促进教育教学行为的改进，从而加强自身的德性修养；当教师的心智模式与认知事物发展的情况不相符而不加以及时适当的调试的话，即使他有好的设想，可能也无法实现，从而导致善的出发点却可能引发恶的结果。

教师职业有着本身的特点所带来的思维定式，在教师交往中的师德修炼需要及时改善我们的心智模式。改善心智模式的目的是要让教师与自己的工作环境、心理环境良性交互。

（1）少抱怨，多宽容。

当前的教育环境、教育体制、教师待遇、工作条件等一定有很多让教师不满和怨恨的地方。而抱怨往往成为一些教师的经常性心态，抱怨学校、抱怨领导、抱怨同事、抱怨学生等，这样的心态会很快"传染"到他与其他教师的交往中，滋生不满、傲慢等情绪。事实上，经常性的抱怨对于教师处理人际交往有着极大的伤害性，并且对改善自身似乎无济于事。

有一个非常有名的"咖啡豆的故事"。

女儿对父亲抱怨：所有的事情都那么艰难，爱情与自己擦肩而过，工作遇到前所未有的倦怠，生活没了方向，她不知道该怎么办，真想放弃自己。父亲什么都没说，领着女儿来到厨房。他在三个锅里倒入了等量的水，在三个锅里依次放入了一截胡萝卜，一个生鸡蛋，一把咖啡豆，然后放到炉灶上同时煮。女儿不知

---

① 参见［美］萨乔万尼. 道德领导：抵及学校改善的核心［M］. 冯大鸣，译. 上海：上海教育出版社，2002：11.

父亲的意思，一脸疑惑。父亲仍旧什么也没说，走出了厨房。过了约半个小时，父亲领着女儿再次走入厨房，他关了火，把胡萝卜、鸡蛋捞出来放到两个不同的碗中，把咖啡舀到玻璃杯中。

做完这一切后，父亲转向一旁的女儿，问："看到了什么？""胡萝卜、鸡蛋和咖啡"，女儿回答，仍然一脸疑惑。父亲让女儿摸摸胡萝卜，女儿照做了，胡萝卜已经变得很软了，似乎稍用大点力，就能把它捅破。女儿又在父亲的指引下，敲开了鸡蛋，剥掉了蛋壳，鸡蛋心已经由柔软的液态变成了坚硬的固态。最后，父亲让女儿品尝咖啡，女儿啜饮了一口，品味良久后笑了，咖啡入口有点淡淡的苦味，但余味香甜。

父亲拍了拍女儿的肩膀，说："这三样东西就代表面临逆境——煮沸的开水后的三种截然不同的反应。胡萝卜原来是坚硬的、结实的，很难用手将它捏碎，可是现在它变软了，已经不堪一击了；鸡蛋本来是易碎的，它坚硬的外壳保护着柔软的内心，然而现在虽然护卫蛋心的外壳还在，但蛋心已经不再柔软，在沸水的煎熬下已经变得坚固，我们再也不能透过清澈的蛋清看到黄澄澄的蛋黄了；咖啡豆却很特别，它把自己和沸水融为一体了，让我们有幸体味到苦后的甘甜和馨香。"

这个故事对学校场域交往的启示是：教师在面对不那么如意的教育环境和教育体制时，过多的抱怨往往无济于事，那些看起来困难的境地，其实正是对教师本身的某种历练。在同样的境况中，教师的心智模式影响和决定着他自己的生活方式和生存状态。在教师生活中，我们要尽量不做胡萝卜，要做咖啡豆。过多抱怨只会使自己的人际关系变得更加糟糕，而不断培养坚毅和善的品性，可使每一位教师像一颗颗的咖啡豆，在同样艰难的环境里也可以香飘满屋。

（2）少计较，多行动。

计较的原因是我的境界与对方的差距还不大。很多教师不是不想行动，而是不知道怎么行动。

英国威斯敏斯特教堂碑文有一段话：当我年轻的时候，我的想象力从没有受到过限制，我梦想改变这个世界。当我成熟以后，我发现我不能改变这个世界，我将目光缩短了些，决定只改变我的国家。当我进入暮年后，我发现我不能改变我的国家，我的最后愿望仅仅是改变一下我的家庭。但是，这也不可能。当我躺在床上，行将就木时，我突然意识到：如果一开始我仅仅去改变我自己，然后作为一个榜样，我可能改变我的家庭；在家人的帮助和鼓励下，我可能为国家做一些事情。然后谁知道呢？我甚至可能改变这个世界。

碑文给教师的启示是：当你心境开始淡泊，你就可以从容地从小处入手，从自身改变，一点点提升自己的师德修养。作为教师而言，在我们与同事的交往中乃至在所有的工作中，有时候不需要太多言语，而是需要从点滴的行动去坚持。行胜于言，是亘古不变的道理。

从"自我囚禁"到"自在的芳香"，离不开教师对于自身与周边社会关系认识的深化，并由此引发交往和沟通的品行提升，以及心智模式的改善，从而推动观念和行为的改变。

思考与分享

1. 阅读卢森堡的《非暴力沟通》，了解沟通中"观察、感受、需要、请求"四个要素，并尝试将非暴力沟通的方法应用到与自己同事的交往中来。

2. 过多抱怨、过于计较为什么常常伤害自己的人际关系？请联系您的实际谈谈体会。

四、家庭社会结构中的师德修养

教师的工作主要体现在教育教学中，交往的对象当然主要是学生和教师。因此，师德素养的体现也主要呈现在师生关系和教师之间的关系里。不过，教师这个职业有其特殊性，其"为人师表""立德树人"的内在要求决定了教师在与学生家庭和社会的各种关系中，更需要有高尚的师德修养。然而，新时期我们也要警惕对教师进行"道德绑架"，不要人为地赋予教师超出其职业之外过高的责任和要求，而是从人性出发，以教师为本，来思考家庭社会结构中的新师德修养。教育既然是"让人成为人"，那么承担教育职责的教师的师德修炼也应该闪耀着人性的光芒。

（一）家校关系中的师德要求

家校关系在教师的职业生活中占据着重要的位置，良好的家校关系不仅有助于学生教育的良性发展，更有益于教师本身的专业发展。家校关系的总体师德要求是：明确发展良好家校关系对于改善教育教学和学生成长的重大意义，从纵向历史的、横向差异性的角度理解对家长教育观念的复杂性，形成正确的家长观和家校关系观。

一天晚上九点多钟，常月聪的妈妈打来电话，情绪激动，甚至有些愤怒，向我讲述那天晚上兴趣活动时，常月聪被同学欺负老师也没有管的经过……这一讲就一个小时左右，最后说的话掷地有声——这样的环境不利于孩子的成长，打算转学，费用不成问题。在她讲的整个过程中，我除了静静地听，几乎没有说什么。听完之后，我说："家长，我非常理解你此时的心情，明天，我了解情况之后，咱们再交谈，好吗？"[①]

类似上述案例中的情况，应该很多教师都遇见过。学生的问题，往往需要在家校沟通中来得以解决。家校关系是双向的，既有教师出于工作需要主动与家庭沟通，也有家长出于问题解决需要主动与教师联系。在家校关系中，教师需要有怎样的师德要求呢？笔者认为可以从以下几个方面来加强。

1. 基于理解和尊重的关爱

学校与家庭是需要相互理解的，这其中最重要的中介力量就是教师，特别是承担了德育任务的班主任和相关教师。

上届学生李雪来自农村，家境贫寒，两个哥哥都考上了大学，父母再也供不起他上学了，但这个求知心切的孩子坚持来到邯郸，跟着勤工俭学的哥哥在城市求学，实在是不容易。孩子性格内向，自尊心很强，也很懂事，不愿给老师添麻烦，也从不向我说起家里的情况，当我从他哥哥口中知道这些情况后，就经常暗暗帮助他，也特别注意维护孩子那颗脆弱的心，不断偷偷把他叫到办公室，送给

[①] 倾听家长的诉说［DB/OL］. 德阳市中小学教师网络研修社区，见http：//dy.righthere.com.cn/ResourceCenter/ResourceDetail.aspx?id=44773，2014-12-4.

他一些资料和文具。得知他常流鼻血，听同学说一喝小米粥就好，我专门为他联系好一家早餐馆，并提前交了钱，并叮嘱他每天早晨按时去。还有一次，天快黑了，他向我请假说家中有急事需赶回去，一想到40来里的路程孩子得骑车回去，我赶紧掏出几元钱硬是塞在他手里，提醒他路上一定要吃点东西。[①]

教师的工作需要得到家庭的理解，同样，家庭也需要教师在充分了解的基础上去理解和尊重。特别是很多学生的问题往往从家庭中发生或者加剧，而解决的办法或灵感也需要在家庭里来找到。一个真正关爱学生的教师，首先会去关注学生的家庭，毕竟家庭才是学生成长的"第一母体"。没有健康的家庭环境，任何教育都可能事倍功半，乃至前功尽弃。况且本身很多的家庭就值得我们去关爱，而我们的这份对学生家庭的关爱最终能转化为对学生的教育力量，对学生的成长起着积极的作用。

2. 指向学生健康成长的全心服务

对于深嵌于家校关系中的教师而言，教育不仅是管教，也是服务。而这种服务的出发点和归结点，都应该是学生的健康成长。

创造了美国教育奇迹的罗恩·克拉克认为，作为一名教育管理者，教职员工必须尽量跟学生家长保持经常联系，他说："我们一拿到新生的资料，就把每一位家长的名字和电话号码录入自己的手机。"[②]

从保持与学生家长的经常性联系开始，一切为了学生健康成长，从满足学生家长的教育需求出发，从学生道德提升、体质改善到学业成绩进步多个方面来改进我们的教育服务质量。

3. 引领观念和行为的真诚合作

家校合作的重要性毋庸置疑，但却确确实实存在一些障碍，其中几个大的矛盾是：家庭教育的极端重要性与家长教育观念的落后之间的矛盾；家长对孩子教育的极端重视程度与急功近利的教育心态的矛盾；学校教育资源的极度缺失与家长作为教育资源的大量荒废的矛盾。解决的方案是通过家长会、家访、电话沟通、书信等方式推动家长教育观念的改进和心态的调整，吸收部分优秀家长成为

---

① 本案例来自河北省邯郸市第二十三中学张红婷老师的师德报告。
② ［美］罗恩·克拉克. 罗恩老师的奇迹教育——点燃孩子的学习激情［M］. 李文英，等，译. 北京：中信出版社，2012：208.

学校教育的重要资源。

家校关系中关键还是做好"人"的文章，一切从培养人出发，发掘每一个人作为教育资源的潜力，最终结果是来促进学生作为"人"的发展。

（二）教师与社会关系中的师德

教师职业内在的崇高性和教师职业地位的相对弱势给我们考察教师与社会关系的师德要求带来了困惑。一方面是人们对教师的道德期望值很高；另一方面也有可能因教师本身背负着过高的期望而滋生的沉重负担。

1. 教师为人师表与社会角色的统一

2015年1月19日，广西河池都安瑶族自治县的山区教师苏慧敏，在马路上推开即将被摩托车撞到的3名学生，自己却被撞飞10多米。这一事迹在当地广为流传，她被不少人称为广西版"张丽莉"。2月14日，得知苏慧敏出院后，被救学生潘笑笑的母亲黄秀红带着女儿来到苏慧敏家中看望，看着苏慧敏手部仍打着石膏，黄秀红哽咽着流下了眼泪。"没有苏老师，我女儿就出事了，现在只能对她说对不起和感谢。"黄秀红说。林堂小学的老师说，苏老师对学生非常有爱心，她常自己掏钱给家庭困难的学生买衣服和文具。面对学生和家长的感激，苏慧敏说："在危急时刻救学生是教师分内的事情，放在每个教师身上也许都会做出同样的举动。"①

这个案例本身是关于教师与学生关系的，但是将苏老师的行为作为一个社会行为来看待的话，则实际上是与社会发生的关系。

对于苏老师的行为，新浪网的网民评论大部分都认为苏老师"品德高尚，奉献自己，保护他人，精神可嘉，是同行中的楷模！"并表示要"向英勇的女教师致敬，舍己救学生，她是最美女教师"。然而，也有一些人认为，"老师所做得只是教师的本能，根本无须过多赞扬。"当然，也有一些评论认为，"教师的生命也是无价的，教师没有义务以自身健康乃至生命的代价来保护学生"。我们应该

---

① 夏军，黎星. 女教师为救学生被撞飞10多米［DB/OL］. 见http：//news.sina.cn/2015-02-18/detail-icczmvun6187754.d.html?vt=4&pos=108&wm=5312_0010，2015-2-18.

怎么认识呢？笔者认为可以从教师的社会角色与师德要求的关系的角度来思考和认识。

（1）教师的社会角色与师德要求。

社会角色是指由人们的社会地位所决定的、表现出符合社会所期望的行为和态度的总模式。任何一种社会行为，不仅反映出角色扮演者的社会地位及其身份，而且体现出个体心理、行为与群体心理、行为及社会规范之间的相互关系。个体在特定的社会关系中的身份反映了个体在社会关系中所处的地位，它是个体的社会职能、权利和义务的集合体。每种社会身份都伴随有特定的行为规范和行为模式，当个体产生为自己的社会身份所规定的行为规范和行为模式时，便充当了角色。在实践中，教师应能客观认识与评价自身的社会角色、社会地位，并形成对学校与社会关系的正确认识；尊重社会对于教育和学校发展的价值和意义，基于平等尊重态度积极与社区交往，并重视行为示范，积极倡导共同认可的社会价值。

（2）教师为人师表的责任。

为人师表意味着，教师即使不做"道德的化身"，也要在道德修养上高于普通人，他们在社会上内在地需要做好模范公民的角色。教师是教育人的人，是"人类灵魂的工程师"，是"太阳底下最光辉的事业"，这既是对教师的赞誉，也是对教师很高的期望。教师要为人师表，其知识和师德修养都应该对包括他的学生在内的整个社会起到示范引领作用。因为教师很容易成为学生模仿和学习的榜样，其行动确实起着标杆和方向性的作用，代表着社会文化价值和道德观念的积极方向。尤其是在社会上的公开场合，教师为人师表的表率，远远地超过了一个模范公民的作用。

（3）教师也是人，其社会角色和功能的有限性。教育不是万能的，教师的社会功能也是有限的，不可人为放大。教育也具有较强的政治职能，但也有一定独立性。这也是我们反对将教师神化的重要原因。从这个意义上讲，教师也是普通人，不应被推到过高的超出其角色本身的"道德高地"，那样不仅无益于社会的整体进步，也是对教师职责的误解。

2. 教师的本职工作与社会责任

教师做好本职工作是应有之义，同时也应正确看待社会对教师职业和教师工作的评价，能够与社会有良性互动，主动组织策划或者参加社会公益活动。

"英子姐姐"本名刘发英，是湖北长阳土家族自治县龙舟坪镇花坪小学的一位普通教师。2005年秋开始，她利用业余时间从事网络助学工作，创办了英子姐姐助学网，近十年来，通过网络渠道募集爱心资金1000多万元，资助了近2200名贫困学生。"英子姐姐"曾先后荣获全国五一劳动奖章、全国希望工程园丁奖、全国优秀少先队志愿辅导员、全国三八红旗手、全国社会扶贫先进个人、"中国网事·感动2011"网络人物、中国好人、全国十大美德人物等数十种荣誉称号，2012年6月当选为中国共产党第十八次代表大会代表，2014年度成为享受省政府专项津贴人员。[①]

对于英子姐姐的行为，是否应看作是师德的内在内容呢？或者说，是否每一个教师都应该像英子姐姐那样投入社会公益活动呢？

首先，教师主要还是做好自己的教育教学工作，这是不能动摇的。但往往类似助学这样的公益活动又与教育工作密切相关，在参与公益活动的过程中，我们用善的方式推动着更大范围的善的发生，很多人的良知也因此被唤醒，这样对于学生的教育效果而言也是很有帮助的。作为教师而言，我们必须去全面深入了解学生及其家庭，如果有可能，应尽力去帮助困难的家庭和孩子。我们凭一己之力无法做到的事情，就可以来借助公益力量。长期从事公益助学的李小龙老师也曾说过："不是看你捐了多少钱，而是看你唤醒了多少人的爱心。公益的核心思想就是唤醒良知，唤醒善良。这个社会由于各种各样的环境，使恶的东西、坏的东西淹没了我们的善良，爱心公益就是为了唤醒它们。公益是每个人都可以参与的有意义的事情。它告诉每一个人你参与，你充实，它可以改变一个人。因为一个人的心发生了变化，世界才会变化。唤醒每一个人心底的爱，传递爱，播撒正能量，让需要帮助的人心里感受到什么是爱，什么是温暖，自古以来就没有完美的世外桃源，但是公益可以美化人的心灵，当自己的心美了，一切就会变美，从而带动他人一起来改变！"

其次，教师从事社会公益活动也应该存有一个限度，这就是参与社会公益活动不应影响自己的教师工作，不应冲击到自己的家庭，不应伤害到自己的身体。公益的限度就在于你不可能是万能的，我们只能做力所能及的事情。

---

① 英子姐姐助学网［DB/OL］．见http://yzjj.changyang.gov.cn/art/2011/2/9/art_1711_56629.html，2015-2-20.

最后，英子姐姐通过自己的行为和网络聚来的力量帮助了很多的贫困学生，凝聚了社会的正能量，这是要充分肯定的。就如同刘铁芳教授所说的："也许，对于广阔的乡村社会而言，我们点滴的行动影响甚微，但对于我们的行动能改变的乡村少年个人而言，这就是一切，那么我们没有理由不从一点一滴做起，从小事做起，没有理由不对乡村文化与教育保持乐观的期待与良好的信心。或许我们个人的努力终究只是蚍蜉撼大树，但也正是无数个人点滴努力的累积，推动着我们社会的文明与进步。"①

曾看过这样一个小故事，题目叫"这条小鱼在乎"。

在一个暴风雨后的早晨，一名男子来到海边散步。他发现在海边沙滩的浅水洼里，有许多被昨夜的暴风雨卷上岸来的小鱼。小鱼被困在浅水洼里，回不了大海了——虽然大海近在咫尺。用不了多久，浅水洼里的水就会被沙粒吸干，被太阳蒸干，这些小鱼都会被晒干而死的。男子继续朝前走着。他忽然看见前面有一个小男孩，走得很慢，而且不停地在每一个水洼旁弯下腰去——他在捡起水洼里的小鱼，并且用力把它们扔回大海。这个男人忍不住走过去，好心劝道："孩子，这水洼里有几百几千条小鱼，你救不过来的。""我知道。"小男孩头也不抬地回答。"哦？那你为什么还在扔？谁在乎呢？""这条小鱼在乎！"男孩儿一边回答，一边拾起一条小鱼扔进大海。"这条在乎，这条也在乎！还有这一条、这一条、这一条……"

教育是中国社会的基石，关注教育不只是停留在悲愤的情绪和空洞的口号上，而是更多理性的思考和坚实的行动。其实，我们的教育实践就如同那干涸的沙土，需要帮助的孩子就是一尾尾需要捡起的"鱼儿"。一个学校，一个班级，一个家庭，一个孩子，一声问候，一次援手，一点资助，一份关注，可能就会留住未来的脉与魂！每一位教师，都有责任捡起那一尾尾"鱼儿"。

朱永新教授在他的《过一种幸福完整的教育生活》中说："理想的教师，应该是一个关注人类命运、具有社会责任感的教师。"②他认为，作为一个教育家，

---

① 刘铁芳. 我们能为乡村的孩子们做些什么？［DB/OL］. 见http://learning.sohu.com/20150215/n409039359. shtml，2015-2-15.

② 朱永新. 中国新教育［M］. 北京：中国人民大学出版社，2011：4.

作为一个理想的教师，他应该非常关注社会，非常关注人类命运，非常注重培养学生的社会责任感。也只有教师的社会责任感，才能塑造学生的社会责任感。

总之，新型的师德发展，应立足于教师自身，以关怀教师、促进教师发展为本，从对教师人生幸福的自我审思出发，在教师与学生、教师与同侪、教师与社会、教师与世界等各种关系和不同场景中，增进知识、扩展智慧、提升能力、陶冶情感与彰显德性。它指向教师职业幸福的方向，应充满关怀与被关怀的温暖力量，它散发出自在的芳香，闪耀着人性的光芒。

思考与分享

1. 您怎么理解"教师是人不是神"这句话？教师的职业身份与社会责任怎样达成和谐统一？

2. 适当接触一些教育公益组织或者个人，了解他们从事公益事业的流程，体验一两次教育公益活动，谈谈自己的体会。

第五章

师德养成的基本路径

师德养成是教师个人价值观念、情感体验和行为方式综合提升的过程，师德养成需要教师多方面的实践和感悟：通过自我修养，提高对师德的认识；注重综合素质的提升；在教师组织中与他人共同成长，激发内心感染力；在实践中体验感悟，将师德内化于心，外化于行，做一个真正温暖人心的好老师。

一、加强教师自我修养

师德作为教师的一种个人的品性，一种德性，一种温暖于心、外显于行的道德特质，仅被动接受道德教育，显然无法真正涵养师德。师德的养成是"道德认知、道德情感、道德意志、道德行动和谐统一的过程，是知行合一的过程"。[①] 在这一过程中，教师将教师职业道德规范内化为自身的道德观念、道德情操和道德实践能力。这种转化需要教师自身自觉主动地学习和践行，否则道德规范将会变成一纸空文，于师德养成无任何意义。那么，教师如何加强自我修养，塑造师德品质呢？教师可以从以下几个方面做起。

---

① 和学新，王文娟. 师德修养是师德成长的本质追求［J］. 思想理论教育，2011（3）.

（一）勤于读书，提升自我

苏格拉底曾说过："美德即知识。"即"美德的本质就是知识，有了关于善的知识就会行善，无知则会为恶"。[1]拥有更多的知识，践履灵魂实践的活动，是教师的基本职业特征。读书的过程就是求知的过程，求知和行善之间又有着密切的联系。读书是一个获取知识、提高知识素养的过程，是教师提升自身的思想道德品质的过程，是教师的文明程度、道德素养、文化素养的重要体现。[2]在这个知识爆炸、信息多元化的时代，教师已不是知识的垄断性拥有者、信息的唯一来源。通过上网、新闻检索等方式，学生可能拥有比教师更丰富的课外知识。教师的本职工作是"教书育人"，想要"教好书"，必定要先"多读书"，以博学赢得学生的信任。唯有勤于读书，才能不断完善自己的知识结构；唯有善于读书，才能提高自己的业务水平；唯有学会读书，才能创新自己的教育观念和师德观念，学会思考。2008年，教育部颁布了新修订的《中小学教师职业道德规范》，专门将"终身学习"作为教师职业道德规范的重要方面，可见"勤于读书"是教师提升自我、促进自身师德养成的必由之路。

广东省佛山市南海区的名校长徐润基，以他独创的"书香教育"，把小塘中小学从"一楼"小学办成了一座"一流"小学。后来随着工作的变动，他将"书香教育"办得远近闻名。他的成功，与他爱读书的好习惯是分不开的。徐校长从高中毕业后便从事教育事业，虽不是科班出身，但他仍然能把教育办得很出色。徐校长一直不放弃读书的热情，在工作的同时，读完函授大专、本科后，他还报读了北京师范大学研究生课程班。2001年，徐润基校长到东北师大培训。学习期间，一有空，他就去附近的书店逛逛，看一些感兴趣的书。培训结束返回时，别人都是买一袋一袋的土特产和礼物，他却拎了两大箱书。徐校长逐渐养成了爱读书的习惯，可以说，他的学校"书香教育"的特色与他爱读书的好习惯是分不开的。[3]

徐校长之所以能把教育办得活色生香、别具一格，能在农村小学中有所作为，除了拥有饱满的工作热情外，就是他对知识的渴求和读书的热忱。徐润基校

---

① 崔微. 亚里士多德对苏格拉底"美德即知识"观点的扬弃［J］. 哈尔滨学院学报，2010（1）.

② 参见林建烨. 自我修养提高师德［J］. 福建陶行知研究会，2011（1–2）.

③ 本案例由广东省佛山市南海区教师进修学校陈颖老师提供.

长以书为友，不断进修学习，扩充自身的理论知识，开阔了眼界，也学到了许多有效的教学管理方法和教育教学模式。他在读书中积极思考，将读书与教育结合，办成独具特色的"书香教育"。作为一名教师，为学生"传道、授业、解惑"，终究是要多读书的。教师师德养成不仅要靠外部的规范约束，还需要靠自身的内化和思考，读书无疑是一种自我修养的最好选择。只有学会读书、善于读书、热爱读书，把读书视为一种生活习惯，才能静下心来，独立自由地思考，才能学会探索与发现，提升师德修养。

（二）虚心求教，向他人学习

读书固然重要，但师德的养成，离不开向榜样学习和与他人交流。俗话说，榜样的力量是无穷的，那些被人们评选为师德模范的优秀教师，有许多优秀品质值得我们学习。他们的所作所为、所思所感，集中体现了教师职业道德规范的要求，生动反映了新时代师德的特点。他们为教师们深入认识师德规范提供了形象化的标杆，激励和诱导广大一线教师在教学岗位上践行师德规范，做一名优秀的好老师。我们教师在工作之余，应该多阅读优秀的师德案例，学习他人在处理教育教学难题时的有效方式，结合学校中的实际情境，在学习模仿中形成自己的教学风格和师德品质。

除此之外，身边的同行、同事，也可以作为我们教师虚心学习的对象。向他人学习的过程是与人交往的过程，在交流学习中，教师之间能分享教育经验，扩充信息渠道，在学习讨论中发生思想碰撞，发现问题，探索更多的师德问题的解决方法和师德养成途径。所以，作为中小学的一线教师，我们应该多向他人尤其是同行、同事虚心请教，与他人分享自己的师德感悟和师德困惑，学习和借鉴他人的好习惯、好方法。在交流实践的同时，虚心接受他人的评价和批评，认真剖析自己的行为举止，在错误中发现自身师德缺失的原因，在纠错中提升自身师德修养。

1992年，刚刚从师范大学毕业的周香娣老师进入乡中心小学担任语文教师兼班主任一职。她在大学期间成绩优秀，还一直担任班干部，因此她信心满满，满怀热情，试图用丰富的理论知识在工作中有所作为。但是，事实并非她所预期的那样，班上纪律很差，气氛沉闷，成绩平平。那时候，担任教导主任职位的数学老师李老师和她搭班，学生们看到李老师，立马就变成了温顺的绵羊。受到来自学生和考评的双重压力，这个新入职的周老师很是苦恼。她在她的讲述中这样说道："'数学李老师也许有办法！'我多次对自己说，但却很难跨出第一步——向李老师请教。李老师看出了我的心思，主动找我聊，跟我讨论如何让同学们既讲规矩又不失活泼，主动学习取得优异成绩。在李老师的帮助下，我一改过去班队活动课被我占用学习语文的习惯，开展一些针对性很强的主题班会，请校长帮忙联系镇里出色的语文老师谢老师，让我每周前去听课学习。而在语文知识方面我也经常请教校长，因此，我在教师会上经常受到表扬。正是这些付出和收获，对于学校和教学我有了更强的兴致，也有了更为坚定的目标。我还记得，当时其他单位的年轻人有时候晚上会相约出去小玩，而我却总是在灯光下学习、备课到深夜，并且能够一直坚持着。功夫不负有心人，毕业初初中成效显现，我们班语文、数学成绩在大镇统考中均获第一名。在质量分析会上，我的发言很稚嫩，但是大家都记住了我的名字。我非常感谢校长、李老师、谢老师还有我的一群小伙伴，是他们所有表现让我懂得必须不断地走近学生，不断地自我反思，不断地向他人学习。那年暑假，我成了全县语文教研大组的成员，是我们整个大镇的唯一名额。"[1]

新入职的周老师在教育教学中遇到了"瓶颈"，无法将师范学校学到的理论知识很好地应用于实践。这也是很多新入职教师无法避免的阶段和困扰。但她并没有气馁，虚心向有经验的李老师请教管理学生的良方，积极转变对学生的态度，改善师生关系；向校长请教语文教学的知识，丰富自身学科知识；利用课余时间去听优秀教师的课，细心备课，改进教学方法，最终收获到成功的累累硕果。显然，虚心向他人请教是师德养成必不可少的途径。

（三）善于反思，弥补不足

反思作为师德养成的重要途径之一，同样也是教师不断成长的动力和源泉。通过反思，教师能发现自身的不足，及时纠错和弥补，促进师德修养的全面提高；通过反思，教师能深化对师德的理解和认识，增强自身的道德感和责任感；通过反思，教师能有效针对具体师德问题提出解决方法，创新自身教育教学方式，提高师德实践能力，得到成长。通观那些优秀的教师，他们在自己的师德养

---

[1] 本案例由浙江省松阳县教师进修学校周香娣老师提供。

成道路上时时刻刻都在反思和内省。一味地埋头苦干，不关注教育教学中出现的问题，即便是对师德规范有再深刻的认识，也看不到自己的成长和学生的进步。

但要注意的是，反思不是单纯的"思己过"，而是要结合平时的教育教学工作，结合自己的道德行为，结合他人对自身的批评指正，进行自我反省、自我总结，进而寻求改进的方法，内化为道德行为习惯。"其内容包括检查和评判自己哪些思想是正确的，哪些是错误的；自己的行为哪些做对了，哪些做错了，哪些做得还不够等。要做到反思，我们首先要善于自我认识，这是反思的基础和前提条件；还要敢于自我批评，严于自我剖析，这是反思的必经途径。"①

江苏省南通师范高等专科学校的吴菊云老师，在她的师德故事《爱的功课》中，描述了她在2006年从事高职班主任那一年的经历，其中包括男生宿舍的脏乱差现象、教室失窃事件、女学生精神失常问题以及学生恋爱观扭曲等教育难题。她力求完美，竭尽全力解决学生们的问题，但是总是力不从心，最终她不堪重负，辞去了班主任的职位。但是，奇怪的是，自从她不当班主任后，学生们却更愿意和她沟通交流了。这引起了她的反思。

她在文章中这样写道："一年后的我，不再那么烦心了，能轻松地和他们交心，谈论'90后'关心的服饰、明星、恋爱和性的话题，也经常讨论找工作挣钱的事情，尽我所能地想给他们一些帮助。面对着一双双青春的眼眸，我不禁想：如今这么释然，是不再斤斤计较班级常规的考评分了，还是不再对他们寄予过高的期望了？是不再那么辛苦奔波从而有了耐心和宽容，还是由于熟悉亲近产生了感情？几年后的我意识到了自己的问题。那时没有及时调整，以对待师范专业生的标准来对待他们，才有了那么多的失望和烦恼。我甚至因为他们来的时候连英文音标也不识，每天晨读还去教他们读音标、读英文。事实上，他们现在大部分学生的工作根本就用不着英语。那时，我带领他们参加学校的每项活动，都想着要获奖，觉得对于这些自信心不强的孩子，奖励会是最好的礼物，但也因此压力更大。排练集体朗诵时，按照我内心的标准，找不到适合领诵的优秀学生，集体练习时，有学生偷偷戴着耳机听歌惹我不快；临上场时，几个男生仍然背诵不出诗句，还不顾纪律要求，集体去打了耳洞，带了项链。如果我不是那么忧心如

---

① 和学新，王文娟. 师德修养是师德成长的本质追求［J］. 思想理论教育，2011（3）.

焚，而是更多一些宽容和理解，是不是彼此也更多了些快乐和尊重？教育要求会更容易被他们所接受？静下心来想，面对这一届学生，我应该算是一名逃兵吧！尽管这一年，我仍然获得了优秀班主任的表彰，但我深知，面对不优秀的学生，我也是一名不优秀的老师。这些不成熟的学生，用他们的天真幼稚、惹是生非，真切地告诉我，因材施教不容易，朽木不可雕却不能丢弃。而我，作为一个人性里也有弱点的老师，也需要增长爱的智慧。"

"⋯⋯每当我遇到班级的违纪事件或是学生不够努力时，或是我自己觉得不够优秀时，马上想起那些高职生，悄悄调整好心态，扣点分不要紧，比赛也不一定要拿奖项，只要尽心努力就行。接受学生不完美的现实，也接受自己不完美的现实。所谓静待花开，就是指这样一个成长的过程吧。我的学生在成长，我也在成长，在爱的道路上，我们都会变得更美好。"[①]

吴老师最后一句话说得很好："我的学生在成长，我也在成长。"她的成长，与她善于反思自身行为是分不开的。在辞去班主任之职后，学生对她的态度的前后反差，使得她静下心来反思。她发现，自己以前在对待学生的方式和态度上确实存在很多问题。结合学生实际情况，吴老师认为应该调整对他们的要求和标准高度，应给予学生更多些宽容与理解。吴老师结合自身的实践经历，有针对性地自我认识、自我反思，为她日后的教育教学工作积累了许多经验和教训。由此可见，在一名教师的师德养成的道路上，反思是必不可少的，它会让教师在之后的职业生涯中少走很多弯路。不管是高职学校还是中小学，吴老师在担任班主任期间碰到的棘手问题，相信许多班主任老师多多少少都碰到过。回想一下，自己在遇到难以解决的问题，遇到很难教育的学生时，是如何做的呢？是不是也犯过和当年的吴老师一样的错误呢？如果能像她一样，在今后的教育工作中勤于反思，及时弥补自己的不足之处，那么您就会离师德养成的目标更近一步了。

总而言之，师德养成需要加强教师自身的修养。"学高为师，身正为范"，作为一名中小学教师，我们要学会静下心来品味读书的乐趣，充实自己的头脑，增长智慧；我们要能够多结交良师益友，在积极和谐的氛围中交流经验，培养优良品质，提高师德修养；我们要懂得反思的艺术，时常回顾自己在教育情境中的一言一行，是否有行

---

① 本案例由江苏省南通师范高等专科学校吴菊云老师提供。

为举止存在失误的现象，有则改之，无则加勉。除此之外，提高自身修养的途径还有很多。"路漫漫其修远兮"，师德养成任重道远，需要每位教师的共同努力。

思考与分享

【案例】

十八岁到四十五岁。二十七年的岁月年轮里，只有一个词和我相守，那就是——教育。相守着这样的教育，辛苦、付出却也其乐融融，承受、担当不乏美好浓浓。只孩子们一声稚嫩的"老师"称呼，心里就充满了幸福的感觉；只孩子们一次惊喜的表现，心里就荡漾起了快乐的涟漪。孩子们一张张天真的笑脸，一双双无邪的眼睛……都让我品味着纯真、纯洁、纯清、纯朴。耕耘于三尺讲台，我把一腔赤诚奉献给了教育事业。

初涉讲坛，为了让自己尽快熟悉教学，多少个夜晚，我伏案劳作；多少个假日，我放弃休息。从理论到实践，从书本到专家，我虚心求教，全心投入。一课设计，我可以改数十次；一篇课文，我可以咀嚼无数回。我积极参与一次次的公开教学，在不断历练中走向成熟，承担全国语文"注音识字，提前读写"实验，走进全省JIP实验，参与"传统文化与语文教学"的全国课题研究……我不断地让自己在挑战中战胜自我。平等、和谐、朴实、大气的教学风格，一次次让我在课堂上绽放精彩。

为了提升自己的业务水平，我利用业余时间和节假日进修完了大专和本科的全部课程；为了提高自己的教学技艺，我阅读了大量的教学专著和名师案例，厚厚的教学随笔记录了我成长的点点滴滴；为了教学的课堂精彩，我不知多少次披星戴月，沉夜耕耘……

梅花香自苦寒来，淡定从容显风采。时间记载了我付出的每一份艰辛，岁月留下了我前行的每一行印迹。一路走来，我在苦中寻乐，在累中积蓄，数十篇教学感悟和设计在国家级、省级、市级刊物发表。说课、讲课，我多次公开示范；讲座、培训，我几乎每年承担，为当地小学教育付出了自己的汗水和心血。我被评为山西省教学能手、山西省学科带头人。

近三十年来，我坚守着平凡，追求着教育的如花灿烂。做过班主任，承担过小学所有学科的教学，担任过少先队大队辅导员、学校档案管理员、教导主任、政教主任、校长。我用对工作的满腔热情和对教育的深深挚爱，践行着对教育的执着情怀。①

【思考】

1. 陈老师是通过哪些途径提高自身师德修养的？

2. 除此之外，您还能想到哪些可以提高教师师德修养的方法？

3. 结合自身教育教学经历和本案例，谈一谈您将如何促进自身师德修养水平？

二、注重综合素养的提升

师德养成也离不开教师自身综合素养的提升。习近平同志在第三十个教师节莅临北京师范大学时指出：“全国广大教师要做有理想信念、有道德情操、有扎实知识、有仁爱之心的好老师，为发展具有中国特色、世界水平的现代教育，培养社会主义事业建设者和接班人做出更大贡献。”②可见，理想信念、道德情操、扎实知识、仁爱之心，是“好”老师的关键，也是构成教师综合素养的核心要素。提升教师综合素养，是涵养教师师德的必要条件。

（一）理想信念是方向

加强师德修养，教师必须树立正确的理想信念。正确的理想信念是教书育人、播种未来的指路明灯。广大教师树立正确的理想信念，首先必须树立为人民服务的社会理想，作为人民教师，只有将自己的个人理想融入为人民服务的社会理想中，才能真正承担起社会所赋予教师的传承文明和真诚育人的历史重担。其次，教师应有高尚的道德理想。教师既要继承我国教师优良的道德风范，又要根据时代的发展，树立新的道德理想。再次，教师应有正确的职业理想。教师应将培育优秀的学生作为自己的职业理想，而不能将其视作一种谋生的手段。最后，教师应有健康的生活理想。随着社会经济的发展，教师的薪资待遇必然会相应的提高，但历代教师在物质生活条件方面所形成的不追求奢华、不追求感官享受的精神也不应丢弃。

---

① 本案例由山西省晋中市榆次区泰山庙小学陈润桃老师提供。

② 习近平. 做党和人民满意的好老师——同北京师范大学师生代表座谈时的讲话［DB/OL］. 见http：//politics.people.com.cn/n/2014/0910/c70731-25629122.html，2014-9-10.

　　特级教师魏书生老师曾荣获"全国劳动模范""全国优秀班主任""中国十大杰出青年"等称号，他还是中国共产党第十三大、十四大、十五大、十六大全国代表。魏老师初中毕业后，下乡到辽宁省盘锦地区新建农场工作，后来受上级指派到新建农场红旗小学教书。教书之后，他发现学生们心灵世界是很广阔的，农村孩子们十分真诚、质朴、勤劳。

　　魏老师觉得，如果由于自己的存在而多了一颗真诚、善良、美好的心灵，他便觉得获得了生存的幸福。他认为教师是最有利于培养真诚、善良、美好心灵的职业，于是他从心底里想当好一名人民教师。后来由于现实需要，魏老师被分配到盘锦最好的工厂上班，但他放弃了当厂领导接班人的机会。经过长达6年、多达150次的申请，企业终于答应了他当一名普通老师的请求。

　　魏老师说："我从来就没有想过要成为一个了不起的人，我只想使自己成为一个有用的人，有价值的普通人，一个称职的教师。"他认为自己当了教师就须努力，只要努力就会有所收获，同时他还相信，通过教育完全可以改变人，甚至改变整个社会。基于这样的信念，魏书生当老师时一直充满激情和强烈的责任感。经过坚持不懈的努力，魏老师最终探索出了其独特的教学模式。①

　　这个案例告诉我们，要成为一名合格的人民教师，我们一定要树立远大的社会理想、正确的职业理想和高尚的道德理想。唯有这样，我们才能为社会主义现代化的实现贡献自己的力量。魏书生老师的经历向我们展示了作为一名教师，如何将远大的社会理想与正确的职业理想、高尚的道德理想完美地结合起来。当他想通过个人的努力改变别人、改变社会时，他让我们看到了他远大的社会理想；当他从心底里想当好一名老师时，他让我们看到了他正确的职业理想；当他放弃厂领导接班人一职而不断申请想当一名教师时，让我们看到了他高尚的道德理想。是什么力量促使魏书生老师不断前进的？我想，答案就是魏老师树立了正确的理想信念。正确的理想信念是我们前进的方向，同时也是我们成为一名有高度师德涵养的教师的指南。

（二）道德情操是目的

　　教师职业特性决定了教师必须具有高尚的道德情操。道德情操主要包括道德

---

① 参见教育部师范司. 魏书生与民主教育［M］. 北京：北京师范大学出版社，2006：2-3，231.

认知、道德情感、道德意志和道德行为。首先，在实际工作中教师要加强道德认知修养，道德认知修养主要包括集体、真实、尊老、律己、报答、责任、利他、平等内容。加强道德认知修养，教师就应该以身作则，积极提高自身对道德情操的认知，将理论性知识内化于心，以更严格的标准要求自己，努力肩负起社会赋予的培养学生的重担。其次，教师应加强道德情感修养。教师良好的道德情感，可以让自身充满正能量，进而感染学生，让学生在充满德性的环境中熏陶、成长。再次，教师应加强道德意志修养。道德意志是指人利用自己的意识，通过理智的权衡去解决道德生活中的内心矛盾，是支配行为的力量①。只有拥有良好道德意志，才能自觉克服一切困难和障碍。最后，教师应加强道德行为修养。看一个教师的品德，主要不是看他认识到什么，而是看他是否言行一致。要做一个真正温暖人心的好老师，一定要将内化于心的师德外化于行。有的老师之所以能够拖着残疾之躯坚守在岗位上，最主要的原因就是他们用自己的实际行动践行了道德的知、情、意、行的统一。教师高尚的道德情操，不是简单的道德认知、道德情感、道德意志和道德行为的堆积，四者之间的关系是相互联系、相互制约的。在提高教师道德修养的时候，不能忽视任何一个成分。

唐叶梅，1970年出生于白水，桂阳县最偏远的山区之一，长年云吞雾锁。过去，道路不便，经济落后，老师分不进、留不住，代课老师也难请。她从1995年一直扎根到现在，默默地奉献着自己。1995年，她以优异的成绩从湖南省郴州电大英语专业毕业。但谁也没有想到，她竟然会选择回白水这一穷乡僻壤去教书。更想不到的是，她的身份还只是一个代课老师。她被安排担任两个班的英语课，还兼班主任和女生管理员重任。仅英语课和其他课，一个学期就高达600多节，每天平均要上五六节。第一个月，她就瘦了8斤多。最难的是上下楼梯。当时女生寝室在5楼，她每天仅上女生寝室查寝、查卫生就要往返四到五次，一瘸一拐地爬上五楼，又一瘸一拐地下来。以前读书上下楼梯有同学搀扶不觉得辛苦，现在一个人爬，对她来说就成了一种极限挑战。尤其是晚上，稍有疏忽就会摔跤，经常摔得手脚青肿，但她从不吭声，这一"爬"就是五年。

曾经有人问唐老师："是什么力量，让你十多年坚守苦寒之地而甘之若饴？

---

① 参见皮连生. 教育心理学［M］. 上海：上海教育出版社，2011：204.

是什么力量，让你几经波折痴心不改？"她恳切地对他们说："我之所以坚强，是因为我的人生充满了爱的阳光。"[①]

从唐老师的真实案例中，我们不难发现，她用自己的亲身经历向我们诠释了师德的真谛。同时，我们也真切地感受到，一个拥有高尚道德情操的教师是怎样在自己平凡的工作岗位上做着不平凡的事情的。案例中，唐老师从郴州电大英语专业毕业后，本来可以去一个比较好的地方教书。可是，她毅然决然地以一个代课教师的身份回到了自己的家乡。是什么样的力量让她做出这样的行为？应该说，是勇于承担的道德认知、甘于奉献的道德情感、攻坚克难的道德意志共同作用才使她有了这样的道德行为。正因为有了这样的道德行为，才让她服务家乡的道德认知、关爱学生的道德情感以及顽强坚持的道德意志展现得淋漓尽致。我们应该向唐老师学习，学习她高尚的道德情操，涵养自身的教师德性。

（三）扎实学识是基础

师德修养必须加强知识修养，这是师德形成的基础。扎实的知识功底，过硬的教学能力，勤勉的教学态度，科学的教学方法，这是教师的基本素质。其中，知识又是基础中的基础。在"活到老，学到老"终身学习理念的观照下，一个合格的教师，应该始终处于学习的状态，不断夯实自己的道德科学知识、教育和心理学科知识、科学文化知识和学科专业知识。

首先，教师应加强道德科学基本理论学习。教师要正确理解教师职业道德的理论、原则和规范，提高对教师职业道德的认识，明确教师职业道德修养的目的和方向，把握教师职业道德修养的要求。有了这些理论知识，才能分清善恶、正邪、美丑，同时将道德科学基本理论作为自己的行动指南，会让我们教师的专业化水平更高。其次，教师应加强教育科学、心理科学理论修养。一个合格的教师，必须对教育学、心理学这些通识知识有一定的把握。学习教育科学理论，有助于教师系统地把握教育体系脉络，科学地把握教育规律，及时给学生做出全面而准确的指导，真正做到高效教学。再次，教师应加强科学文化知识修养。教师应努力学习与教师职业相关的科学文化知识，这是教师形成优秀品德和高尚道德

[①] 本案例由湖南省郴州市白水学校唐叶梅老师提供。

情操所不可缺少的。给学生一杯水，教师就应该是活水源泉。"学高为师"，那些登上最高道德境界的人们，无一不是以科学文化知识作为自己思想的支撑的；而那些目不识丁而又懒于学习的人，在道德修养的阶梯上永远不可能到达道德的高点。最后，教师应加强专业知识修养。专业知识是指教师所讲授学科及其教学法的知识。教师只有课讲得好，能释疑解惑，才能获得学生的信任，拉近与学生心理上的距离，处理好师生关系，涵养德性。

前文提及的湖南省醴陵市长庆示范区黄沙中学的钟艳老师，从1998年毕业起，就一直在黄沙中学担任班主任。她深深地知道，作为老师，要想给学生一杯水，自己就必须要做源源不断的鲜活的一眼泉水。作为语文教研组组长，就更应该具备终身学习的精神，要在不断学习和锻炼中充实自己。于是，她利用业余时间阅读多种教育书籍、杂志、报纸等，了解当前的教育信息，把握教育的动态。课堂也是她体现自身价值的主阵地，她本着"一切为了学生，为了学生一切"的理念，将自己的爱全身心地融入学生中。她努力将所学的新课程理念应用到课堂教学实践中。上课前，她精心准备课件和视频，积极调动学生的学习积极性，力求让她的语文教学更具特色，更好地体现素质教育的要求，提高语文教学质量。为了使自己尽快地进步，她积极参加各种教研活动，学习优秀老师们的授课技巧，提高自己的授课水平。钟老师为了让自己的专业知识尽快地进步，她不放过每一次学习、锻炼、提高的机会。她的语文教学很具有特色，很好地体现了素质教育的要求，提高了语文教学质量。这些充分说明了提高专业知识修养的重要性，同时也突出了加强科学文化知识修养的意义。教师立足教育的根本，就是其知识的储备与沉淀。要想做一名合格的老师，涵养教师德性，必须要以扎实的知识为基础。

（四）仁爱之心是灵魂

师德修养必须加强爱心修养，这是师德形成的灵魂。对于我们教师而言，师德是一种温暖于心、外显于行的道德特质，我们应该在实际工作中体验、感悟。让仁爱之心去涤荡我们的灵魂，让温暖的情怀去填充我们的心灵，让热爱教育的行动去诠释我们的感悟。做一个真正温暖人心的好老师，拥有仁爱之心是根本与前提。

教师的仁爱之心，是指教师对待学生、对待家长、对待同事都应该要有爱心和仁慈心。教师应该把爱当成一种习惯，这是一个人民教师必备的教师素养。教育以育人为本，有了爱心，师生才会心灵相通，思想的交流、知识的传播才会畅通无阻，师生关系才会更加密切。[①]教师的仁爱之心具体表现为热爱学生、尊重家长、关心同事。一名老师忠于教育事业最重要的表现是热爱学生。热爱学生就是要了解学生、尊重学生、对学生有一定的积极期待、因材施教。教师要用心去爱每一个学生，每个学生身上都有闪光点，只要你耐心去找。工作中要尊重学生，每个学生都会成为对社会有用的人才，只要你用心去教。爱心和耐心是我们成为一名好老师的可贵品质。其次，教师应该尊重家长。教师的爱心不仅仅体现在对学生的关爱上，同时也体现在教师对家长的态度上。家庭是学生生活的一个很重要的环境，学校教育结合家庭教育才能使孩子的教育更加全面，所以老师应要学会尊重学生家长，及时与家长沟通，共同为孩子的教育进步而努力。当老师与家长沟通时，一定要拿出自己应有的尊重、理解与耐心，这是教师对待家长有爱心的一个重要表现。最后，教师应该关心同事。教师劳动虽然具有一定的独特性，但是教师并不是孤立存在的个体，教师也是依托群体而存在的，所以教师一定要学会尊重同事，摆正自己在群体中的位置。在工作上尽自己所能帮助同事解决工作上遇到的问题，同时在生活上要尽量互帮互助。搞好与同事的人际关系，懂得尊重同事是一项很重要的美德。用心关心同事，是教师拥有爱心的另一方面的体现。

兰朝红老师来自湖南省城步县儒林镇清溪小学。她1995年毕业于湖南第一师范后，分配在长沙市岳麓区任教，1997年调回家乡，在乡村任教至今。在教学上她觉得，只要老师想尽一切办法贴近孩子，让孩子喜欢了，老师就成功了。她从来没有错过任何一个表扬孩子并奖给孩子小礼物的机会，这些东西每个学期累计起来，大约是200个作业本、100支铅笔、100个钥匙扣、50个透明胶。她经常找机会与孩子们"套近乎"，孩子们因而非常喜欢她。她还经常与同事们交流与家长沟通的问题。

兰老师认为，孩子、家长都是老师服务的对象，要全心全意为孩子和家长着想。孩子在学校里发生的事情，老师完全可以做出恰当的处理，不应该三天两头的把家长传唤到学校来，更不能大声呵斥。在万不得已的情况下，可以选择家

---

① 参见教育部新闻办公室. 生命与使命同行——走进首届全国教书育人楷模[M]. 北京：教育科学出版社，2011：180.

访。她总是先以哥嫂相称，再将孩子存在的问题摆出来，然后以商量的口吻说："我们要怎样做，才能促使孩子改变毛病呢？老师与家长形成了合力，教育起孩子来就很轻松了。我们是老师，也是家长，要处处站在家长的角度上去体谅家长，尊重家长。其实，尊重家长的同时，也是释放了自己。"2009年1月18日，《中国教育报》刊登了一篇题为"这个老师有点傻"的文章，该文的主人公兰朝红老师就是那个"傻老师"①。

　　兰老师的案例告诉我们，教师一定要有仁爱之心。关爱学生、尊重家长、关心同事是教师仁爱之心的重要方面。爱的力量是伟大的，爱的真谛在于给予、在于忘我，爱的最高境界在于超越。兰老师用自己的实际行动，向我们诠释了仁爱之心的内在意义。

　　总之，崇高的理想信念、高尚的道德情操、扎实的学识、拥有仁爱之心是教师提高自身综合素养的关键。其中，理想信念是方向、道德情操是目的、扎实的学识是基础、仁爱之心是灵魂，四方面相辅相成，共同作用，缺一不可。每一位教师对理想信念有坚定，对道德情操有修养，对扎实学识有目标，对仁爱之心有追求，才能真正全面提升自身的综合素养。

思考与分享

【案例】

　　有一段话，相信大家耳熟能详："人最宝贵的东西是生命，生命属于人只有一次，一个人的生命是应该这样度过的，当他回首往事的时候，不会因虚度年华而悔恨，也不会因碌碌无为而羞耻。"，试想，温暖、守候、成全、传承……或许还有更多，不都是人生价值的自我实现吗？所以，我们教师，其实无须计较利益得失，无须在乎他人冷暖。我们的幸福就是守护住自己的心，尽自己所能实现我们自己的人生价值，我们便可以为幸福而教。然而，要做到这一点，确实不那么容易。作为教师的我们，该如何实现人生价值，如何走向幸福呢？在此，我想用三个"坚"字与大家一起共勉。

---

① 参见李伦娥. 兰朝红：这个老师有点"傻"［N］. 中国教育报，2009-1-18（3）.

首先，坚定不移的信念。曾有人说，鹰之所以飞得更高，不是因为它有坚硬的翅膀，而在于它有着坚定的信念。信念，听起来是一个有点缥缈的词语，我把它理解得很简单，那就是：相信可以做得到。很多人都佩服我对工作局面的开创性，其实我很清楚，在这个岗位上，我有新的信念与追求，并且努力整合，利用自己的资源与优势，排除高考压力、时间空间限制等困境，努力去实现。我相信：只要你愿意，你也可以做到。而更重要的是，你要确定目标，并坚定不移地走下去，不管结果如何，沿途两岸，必定会有幸福之花的盛开。

其次，坚强乐观的暗示。坚强乐观，不是说性格，而是说暗示。因为在很多人看来，性格是天生的，坚强与否，特别是能否乐观，不是说做就做得到的。怎么办？我的密码是：阿Q精神，给自己一个心灵舒畅的理由。早几年我当班主任，我班上有一个男孩子，特别喜欢打篮球，可是，每天的晨跑他就不乐意参加了，总是找足了借口逃避。有一天，我特意带他去看学校篮球队的素质训练，并告诉他："一名优秀的篮球运动员，不仅要练技巧，更重要的是训练提高身体素质。"这样一引导，那个孩子彻底改变了对晨跑的态度。

最后，坚韧淡定的经历。大家或许都会有过这样一种感受：当时觉得不可思议的一段时间、一个状态，等过了一段时间再去想会发现，我们会面临许多失败、成功、懊恼、自责……所有的经历都不可替代，所有的经历都是财富，我们可以让自己在经历后变得坚韧淡定。记得2006年，我被推荐到学校党政办公室担任宣传工作。面对五花八门的工作计划，并不太擅长写作的我真是伤透了脑筋。我都已记不清有多少个晚上写稿子写到凌晨两三点，甚至曾经因为写不出稿子一个人半夜坐在家里哭的时候都有。可就是这样"不堪回首"的经历，却换来了我受用一生的甘甜果实：我的写作能力明显提升了。

我，只是一名普通的中学教师。论优秀，我不及很多人；论成绩，我也列举不了多少。但一直以来，我都将"为幸福而教"放在心里，以"做幸福的教师"为目标，努力地践行着"幸福地做教师"的箴言。或许今天我们还面临着一些让我们甚感无奈的现实，但我们应始终坚信，只要我们每一个人都在尽力，教育的生态发展就会往前一点点，这每个一点点实现的过程都会有幸福相伴左右。愿全天下所有的老师，都能为幸福而教，都是在教育中成就幸福！①

---

① 本案例由湖南省长沙市明德中学阳森老师提供。

【思考】

1. 本案例中教师是通过什么途径体现教师综合素养的？试从理想信念、道德情操、扎实学识、仁爱之心四个方面进行分析。

2. 结合自身教学经历及实践，谈谈您是如何提升自身综合素养的。

三、在组织中涵养师德

教师与教师之间的道德影响，也是涵养师德的重要途径。教师与教师之间的关系如何，教师群体的整体道德水平如何，都将对教师个体的师德产生影响。在一个和谐、相互友爱、相互帮助的教师集体中，每位老师都能感受到集体的温暖和关爱，教师之间的对话和情感都能得到充分的交流。当集体中的教师遇到困难的时候，其他教师都能够伸出援手，互相鼓励和帮助，共同解决遇到的困难；当集体中的教师获得成功时，其他教师也能共享其成功的喜悦。和谐的人际关系，宽松的环境氛围，可以让身处其中的教师也会怀着愉悦的心情工作和学习，对教学效率和教学质量也会有积极的影响，教师的心理也会朝着健康的方向发展，教师的师德水平也会在教师集体的熏陶下得到涵养和提升。反之，如果教师与教师之间的关系紧张，人际关系不协调，摩擦冲突不断，矛盾丛生，甚至存在不良竞争，相互猜疑，长此以往，不仅会影响教师自身的身心健康，影响工作质量和效率，而且也会给学生做出不良示范，甚至影响整个学校的学风和师风。

（一）处理好合作与竞争关系

教书育人是教师职业的天性。由于教育背景各异，气质性格不尽相同，每个教师对教育教学都有其独特的认知和理解。教育教学过程中所呈现的教学方式、教学风格都带有个体的印记，相对独立。新时期的教师角色被重新审视，新时期的教师不仅是知识的传递者，更是教育教学改革的主要承担者、推动者和研究者。教学有了更艰巨的任务和挑战，教学任务呈现出复杂性和多样性。加上多媒体教学的普及，单靠教师个体是很难出色地完成预期目标的，在这样的情势下，教师的群体合作就会凸显其优越性。何谓合作？合作指不同的个体为了共同的目标而协同活动，促使某种既有利于自己、又有利于他人的结果得以实现的行为或意向。何谓竞争？竞争指不同的个体在同一个目标或同一领域内而相互展开的竞力奋争，是一种促使某种有利于自己的结果获得实现的行为或意向。教师之间的合作与竞争应该是在不损害集体和个人利益的基础上的良性竞争，这样才有利于教师人际关系的和谐，也是教师涵养师德的内在要求。教师的工作离不开多方的人际关系，教师与教师，教师与学生，教师与家长等，由于文化背景和认知方式的不同，教师在处理同多方关系尤其是同工作密切的教师同事之间的关系时，难免会出现问题和摩擦。要处理好这些矛盾和问题，维系好教师与教师之间的关系，就需要教师之间做到互相理解、彼此包涵，以宽容和友好的姿态去对待。

吴老师和贾老师同在一个级部，同处一个办公室，同教一个学科。然而两人却水火不容。给学生印练习题或者试卷，不是你瞒着我，就是我瞒着你，各自为战，互不相通。为了不让对方见到自己的印发内容，有时要锁在自己的办公桌里。课间，不论谁叫学生到办公室进行教育或者讲题，都必须小心翼翼，小声说话，否则必定招来对方的责备，提出诸如"影响备课了""没法批改作业了""无法在课间休息一下了"等理由，以叫对方无法应付为原则。

到考试的时候，难免会有印刷不清或错误的地方需要订正，两个人谁都不放心谁，唯恐对方不告诉自己的学生，吃了哑巴亏。更可怕的是，两个人都叫学生在自己的试卷上做上记号。所以，试卷虽然密封，但两个人不用拆封就知道自己学生的试卷。这样的目的就是，评卷时给自己的学生手下留情，对对方的学生加倍严格，好使自己在教学成绩上战胜对方。结果是，试卷一拆封，都不满意，拿着试卷去找领导，闹个不欢而散。①

几年前，江苏省常州市一中开始实行教育质量"集体责任制"，对教师的工作业绩进行捆绑式的管理。经过几年的实践，这种制度约束的外力转化为教师自觉合作的内驱力。现在，教师间原先存在的"备课留一手、上课露一手"的现象再也没有了，取而代之的是"你合格我快乐，你优秀我学习"。各备课组的集体备课，是办公室常见的风景，几名教师合作写教案，各自把心得与同事分享，这已成了习惯；一个班的搭班老师间，再也没有争抢课时的现象，"班主任老师会主动向任课老师介绍学生的情况，帮助他们做好学生的思想工作。"袁守义老师说。

---

① 参见左斌. 教师人际关系和谐［M］. 北京：中国轻工业出版社，2008：117.

在业务上，在新课改的探索中，教师们更看重合作的力量和集体的智慧。去年，是赵老师第一年教授高三文科班的课，缺乏实践经验，胡老师就手把手地教，从课堂安排到课后作业甚至临考前的最后叮嘱，胡老师都预先备好课，关照好徒弟，高考时两人所带班级的学生都取得了不错的成绩。不仅是青年教师要向老教师学，一些资深教师都很乐意走进青年教师的课堂，既学习，又指导，互相提高。李老师本学期已经听了同组吴老师七八节课。李老师是常州市"名教师工作室"的领衔人、特级教师后备人才，而小吴老师教龄还不到三年。李老师说："小吴的课思路新颖，常常给我启发。"①

在以上两则案例中，呈现的是教师与教师之间两种截然不同的相处之道，第一个案例中的教师各自为战，互不信任，互相猜疑，甚至为了取得好的班级成绩采取不正当的方式，让自己的学生在试卷上做记号。教师人际关系呈现出紧张不和谐的状态。长此以往，不仅不利于教师个人职业道德素质、业务能力的提升，也不利于教师整体德行水平和教育教学质量的提高。而在第二个案例中，该中学对教育质量实行"集体责任制"，进行捆绑式管理，从教师单枪匹马的个人劳动转变成教师合作共享的集体劳动，教师与教师之间呈现出集体备课、合作写教案的场景，新任教师与资深教师互相学习，交流共享教育教学经验与心得。这两则案例也从侧面反映出在分享与合作的教师组织氛围中，教师与教师之间的关系趋向舒缓和谐并且有助于形成教师集体的凝聚力。反之，如果教师组织中出现不良竞争现象，以个人利益为上，不仅有损教师整体形象，也不利于教师个人德性养成。

（二）在温暖与关怀中涵养师德

教师本身即是一种资源的载体，教师之间的沟通交流实际上就是一种资源共享，能够达到共赢双好的目的。团队意识、团队合作能够形成学习共同体、增强凝聚力，人尽其才，能够最大程度达成教学目标，同时也有助于形成良好的师风、校风。"教师集体内部存在很多具有出色能力的熟练教师，在很多场合下，这都是被作为教师个人的技艺来看待和评价的。但是，通过各自交换这种个人

---

① 参见左斌. 教师人际关系和谐 [M]. 北京：中国轻工业出版社，2008：107.

性、实践性知识，可以在教师集体内部建立起实践知识储藏，进而通过谋求其共有，使得磨炼相互的能力成为可能。"①教师共同体的形成，教师群体之间人际关系的和谐，为教师师德水平的提高提供了生长的土壤。因此，教师师德的养成需要在教师集体中共同涵养，汲取集体智慧，在共同体中相互交流、相互关怀，在实现自己个性的同时，拥有开放的心态，肯定自己也欣赏他人，将个体智慧建立在教师共同体之上，在教师共同体中提升师德水平。

山东省德州市解放北路小学发挥团队合作沟通作用，激发群体智慧。首先是利用"教师沙龙"活动，促使教师与新课程共同发展。团队研讨的内容涉及课程改革的各个方面，在活动时打破年级界限，把教师随机分成若干小组，组织他们围绕当天的研讨课题展开讨论、交流，在本组的揭示板上写上集体寄语，使原本枯燥的教研活动变得极具人文色彩，吸引教师投入极大的热情。"教师沙龙"活动，每期一个专题，使教师每次都有新收获。通过这项活动的开展，教师合作学习、研究学习的能力得到了培养，团队意识和责任感也得到了增强，这种培训形式，深受教师欢迎。其次是在合作过程中，促使青年教师快速成长。学校开展师徒结对活动，要求青年教师在老教师的指导下，做到"五个三"。一是过好"三关"：基本功关、业务关、科研关；二是学会"三课"：听课、评课、上公开课；三是掌握"三语"：汉语普通话、一门外语、计算机语言；四是练习"三笔字"：粉笔字、钢笔字、毛笔字；五是读好"三书"：教科书、专业基础理论书、教育理论书。教导处对"五个三"计划进行落实，每学期组织学术组进行评估，为青年教师和老教师写出定性的总结和评语。同时，学校每年组织青年教师"优质课竞赛""优秀课件制作比赛"和"教师论文评选"。"五个三"计划的落实，使青年教师实现了从新手到能手的快速转变，也使优秀教师渐入佳境。

再者是通过"益友制"的实施，架起教师沟通的桥梁。每学期开学，教师根据自己的性情喜好自愿报名参加一个益友组，每个益友组每半月自行安排一次益友活动，创设积极健康的轻松话题，让每个益友成员畅所欲言，借此增进师师之间的沟通与交流。学校经常借助益友活动，有意加强教师职业道德规范和职业精神教育，促使教师不断提高自身修养，学礼懂礼，知晓不同文化背景下的礼仪，

---

① [日] 油布佐和子. 教师的现在、教职的未来 [M]. 东京：教育出版社，1999：67-68.

并增强社会责任感，明白社会责任感也是教师最基本的职业道德内容。①

案例中的小学通过"教师沙龙"活动、师徒结对活动、"益友制"的实施等一系列的举措建设教师团队，促使教师共同体的形成。在开展的一系列的活动中，教师和教师之间以团队合作的形式进行思想交流、工作交流，互通信息、相互配合，在和谐的团队关系中展开教师间的合作，在轻松愉快的氛围之中开展教育教学活动，实现教师资源的共享和有效的交流。教师的教书育人是在整个学校的教育集体中实现的，教师的各项教育教学活动，都离不开教师团体的支持和帮助。在教师团体中，每位老师都有其独特的一面，并有自己的教学风格，或者是教学经验丰富，或者是擅长教学研究，或者是敢于革新等。教师应当以宽容开放的心态去对待教师同仁，以彼之长补己之短，相互磨合、共同进步。爱尔兰作家萧伯纳曾经说过，两个人各自拿着一个苹果，互相交换，每人仍然只有一个苹果；两个人各自拥有一个思想，互相交换，每个人就拥有两个思想。如果能够充分发挥教师共同体的作用，每个教师都为集体思想、集体目标而努力，形成共同的愿景，以自己的精神或者行动去感染他人，把自己的新知识、新技能与其他教师分享，形成集体智慧，教师们在共同体中都会受益，并能得到成长。

湖北省武汉市常青实验小学的一名普通班主任——潘利琴，曾获得"武汉市优秀班主任"称号，还多次获"江汉区优秀班主任""江汉区优秀中队辅导员""区新长征突击手""校魅力教师"等荣誉称号。她不仅是常青实验小学专家组成员，还是校年级组长、校党支部副书记、武汉市心理健康教育学会会员、武汉市教育学会中小学德育专业委员会会员。2011年，她参加了武汉市学骨干年级组长研修班，被评为"优秀学员"。

潘老师用大姐般的亲情影响同伴。作为年级的大姐姐，对于同伴的关心真是无微不至。姜老师的妈妈住院了，立刻召集同伴去医院看望，并主动挑起姜老师的部分工作；周老师手术了，她连夜赶到医院送去关怀；年轻老师生宝宝了，她会亲自去育儿店挑选用品，送去年级组老师的祝福……作为年级组长的她，更是

① 参见欧阳明. 做一名学习型教师［M］. 上海：华东师范大学出版社，2010：187.

对组员倾注了无私的关爱。熊老师要上优质课展示，为了学校"主动教育"模式的推广，全程陪伴熊老师：一起备课，耐心听课，细致点评，再修教案等，终于在潘老师的帮助下，这节课得到来校学习的海南、云南等地老师们的一致好评。才从学校毕业的党老师，刚刚引进来的胡芳、姚君老师，更是得到她手把手的帮助。与家长交流有问题，教她们解决的技巧；教学上有困惑，用自己的教学案例去指导她们……①

案例中的潘老师在专注自身工作任务的同时，对遇到困难的同事给予援手，帮助其渡过难关。在平时的生活和工作中，对其他的教师给予问候和关心，在同事遇到教学难题或者困惑时，用自己的亲身经历和积累的教学经验去指导他们，对学校引进的新人教师更是手把手地教导，帮助教学新手尽快适应学校环境，进入教师角色。潘老师的不懈努力，不仅得到了大家的认可，在教学上也取得了突出的成就，成为大家心中的好老师和教学骨干。潘老师用自己的实际行动去帮助其他教师，用博爱的胸怀去感染其他教师，最终促进学校里整个教师集体的进步和成长。

可见，无论是教师个体师德水平的提高还是教师整体素质的提升，都需要一个宽松和谐的教师组织环境，师德涵养也要在教师组织中共同涵养。教师是教师共同体中的教师，是教师集体中的一员，教师与教师之间应该是以理解和宽容的姿态相处，良性竞争、合作共赢，这样才能在教师共同体中涵养德性，提升自身的道德水平。

思考与分享

1. 观摩和学习相关学科的名师课堂或讲座，并与其他教师交流自己的心得体会。

2. 与本学科教师或者其他学科教师合作完成一节新课的设计，从教学前准备到课堂中讲授，再到课后评课和反思，相互交流学习和讨论，从中体验合作学习带来的益处。

---

① 本案例由湖北省武汉市长青实验小学潘利琴老师提供。

四、在实践中体验感悟

师德养成从根本上来说是一种体验性的实践活动。体验，也叫体会，是指用自己的生命来验证事实、感悟生命、留下印象。体验到的东西使人感到真实，能在大脑记忆中留下深刻印象，使人可以随时回想起曾经亲身感受过的生命历程，对未来也会有所预感。体验性实践活动即指能够在具体的实践中得到一些体验与感悟、一些思想上的升华，进一步提升实践活动质量。教师教书育人的工作特质和学生个体的特殊性，要求教师在教育教学中积极参与体验性实践活动，不断提升自身师德水平。体验性实践活动是教师师德最终养成的关键。

（一）重理论轻实践难以形成良好师德

马克思主义认识论认为，认识是实践的基础，实践是检验真理的唯一标准。然而，在现实生活中，部分学校过分注重师德相关知识理论的学习，却忽视了教师在实践中涵养师德，以至于有的教师只会"坐而论道"而不去践行师德。这种重理论却轻视实践的做法不可取，师德建设应当重视师德理论与教育实践相结合。

浙江省松阳县教师进修学校的周香娣在经过"多能一专"的三年师范生活后，被分配在一个山区乡中心学校。初来乍到，学校就安排她接毕业班，因为学校领导看过她的简历，了解到从小学开始她就一直担任班长，在师范学校时还竞选成为学生会文艺部部长，学校认为她应该有能力胜任毕业班的班主任兼语文教师一职。周老师自己也很自信一定能做好相关工作，主要是因为她之前读了很多方面的书，理论知识非常丰富。可她还没从自我得意的状态中脱离出来，"暴风雨"却在周六大扫除时来临。她曾这样写道自己的经历：劳动委员报告说小文把垃圾桶往一个女同学头上套，女同学被欺负正哭着呢。我顿时火冒三丈，可当看到眼前情景我真的惊呆了，小文带着几个男同学正等着看好戏，我让小文到我办公室来，"不用你管！"小文脱口而出，接着几个男同学同时把他围了起来。这时教数学的李老师来了，他是学校教导主任，跟我搭班。让我诧异的是，孩子们发现李老师一来，自然就散开了，只见李老师使了个眼神，小文便乖乖地跟他走了。看着这一幕，我百思不得其解，想象不出李老师使了什么魔法，让学生这么信服。这时我才突然意识到，之前我所沾沾自喜的知识理论储备，在实践中竟然难以奏效，而具有极强实践经验的李老师却能将问题处理的如此之妙。

在她与李老师的交流中得知，教育学生仅掌握理论知识是不够的，还得结合经验来促进涵养师德，处理好师生关系才好。于是，周老师努力反思自己的教学方式方法并积极积累自身的教学经验，在实践活动中涵养自身的师德。果然，过了一阵时间，她慢慢发现学生与她更加亲近了，班级也更加秩序井然了。[①]

周老师通过她的亲身教育实践证明，想要仅仅依靠自己所学到的理论知识来指导教学、形成良好的师德，是万万不够的，更多的还是要通过脚踏实地的实践来寻求通往良好师德的捷径。俗话说，实践出真知，只有通过不断地教育实践，才能了解到教育中究竟存在着哪些新问题和新的教育改革方向，才能找到解决新问题的最有效的途径和方法。教师通过不断地发现问题、解决问题的过程，才能更好地促进师德的养成。[②]

（二）在实践中践行是师德养成的关键

教育实践是师德养成的根基。如果把优秀的师德品质比喻成一座大桥，那么，教育实践则是大桥建成的坚实根基。师德规范及原则来源于教育实践，教育实践是师德养成的归宿。师德养成不是目的，在实践中践行师德，并通过实践不断完善自身德性，才是师德养成的关键。也就是说，教师师德水平高低不能靠感觉评判，也不能靠教师一时的主观评判，更不能靠短时的静态的评判，教师自身道德实践才是评判教师师德水平的决定性因素。

山西省临汾市五一路学校闫红霞老师曾这样描述自己在教育教学中的一段经历：

尤某某，初次见面，一双水汪汪的大眼睛引起了我的注意。"这孩子一定聪明伶俐！"我这样想，但后来她在课堂上的表现出乎我的意料。课堂上，她小动作不断，经常东张西望，总是心不在焉；自主预习时，不专心、不认真、不在课本上做任何标记，甚至压根就不知道学习的内容。课堂上从不主动回答问题，提问她时，站起来瞪着一双大眼睛，只是愣愣地笑着，再追问，她便前言不搭后

---

① 本案例由浙江省松阳县教师进修学校周香娣老师提供。
② 参见梁庆周. 当前我国高校师德问题研究［D］. 南宁：广西民族大学，2007：45.

语，乱说一通。几节课后，我当初对她的印象被那种"另类"的表现分解得支离破碎，几次基础练习后，更让我对她不再抱有任何希望。可是，一次校运会却让我对自己有这样的想法感到愧疚。校运动会上，两千米中长跑的赛场上，她努力拼搏，一直遥遥领先，最后拼尽全力地冲刺，让她赢得了全场的掌声，第一非她莫属！我也激动地为她鼓掌喝彩。

小亢同学的运动特长触动了我。运动会后，我给她写了这样一段话："赛场上你瘦小的身影如同离弦的箭，跑道上你的拼搏冲刺深深地印在我的脑海。踏上跑道，是一种选择；离开起点，是一种勇气；驰骋赛场，是一种胜利。老师相信，你的耐力、你的拼搏一定不只是在运动场上，在课堂上也一定能做得更好。知道吗？你那一双聪明的眼睛已经告诉了老师答案！"后来的课堂上，我注意到她的变化，不仅小动作少了，而且开始认真听课，积极回答问题，不再东张西望、无所事事。我欣喜地看到她的眼睛里又流露出了聪明伶俐，她的笑不再是呆呆的，而是像花儿一样招人喜欢。[①]

常言道，"日久见人心"，任何事物都有它的两面性。事物是一个不断发展、前进性上升的过程，而这些皆可应用于教育实践当中。难道真的有所谓"差生"么？答案是否定的。任何教师都不能给任何一个孩子贴"好"或"差"的标签，就像即使一个教师不能很好地教学也不能被称为"差老师"一样，教师不能用标签来衡量和定义一个正在发展的学生个体。就像案例中的亢某某，虽然有着课堂表现不够好、学习不够仔细认真、小动作频繁等问题，可是她却能在校运动会上表现优异，这就足以证明她仅仅是个在学习上有困难的孩子，她在其他方面也有自己的闪光点和天赋。何谓"因材施教"？何谓"激励教学"？这位教师做了一个很好的榜样示范。通过长期的观察和教学实践，她为自己当初的想法而感到愧疚和自责，进而改变自己的教学实践，这不正是教育实践给她带来的丰硕成果么！她在实践中通过体验、反思，切实提升自身师德素养，贯彻了教师职业道德规范中强调的教师要关心学生、爱护学生，善于发现学生优点、长处，公平对待学生等要求，很好地践行了师德规范。在学校教育中，这种事例还很常见。许多教师随着教学实践的发展而对学生有着不同的认识，如发现学习成绩优异的学生

---

① 本案例由山西省临汾市五一路学校闫红霞老师提供。

思想品德却不良；平日里普普通通的被忽视的学生却能在文艺演出时大放异彩；上课爱调皮捣蛋的学生却在某个老师的课上安分守己、认认真真。这些现象，教师只有在具体实践活动中用心体验才能感悟，进而帮助教师反思以往教学，不断提升师德水平。

（三）师德养成的具体路径

师德涵养过程不是在朝夕之间就能够一蹴而就，它需要逐步涵养。我们体会涵养师德的途径主要由参与—体验—反思—行动这四个步骤形成。

参与就是教师在师德实践中道德认知、道德情感、道德行为方面的积极参与，全身心投入。参与形式是丰富多样的，包括在学校工作的方方面面，如教学、管理、班主任工作、教研等。只有积极参与具体的实践活动，才能得到相应的情感体验，进而在教育教学中反思自己的教学方式、方法，最后才能切实行动，提升自身的师德水平。

体验就是在参与活动中亲自体验，并与其他教师个体或群体交流互动、分享体验，在体验中了解与掌握师德的应然。理想的师德应当注重教师之间的真诚合作，分享彼此在教育教学中的经验，进而更好地对自身的师德状况进行反思和改进，促进师德水平。

反思是通过参与、体验，教师与自我以前不太完善的师德水平产生冲突、矛盾，进而反思自己的师德实践。反思形式是多种多样的，如反思日记、心得体会、随笔等，是对自身在活动中或与他们互动中的体验中的所思所想。孔子曰："吾日三省吾身"，教师在参与、体验中，通过不断反思才能更加了解自身的师德缺失，进而更好促进自身师德水平。

行动是师德养成的最终路径。只有行动，真正去做，去改变才能真正提升师德。师德不是靠说教形成的，而是要依靠行动与感染。当前，促进教师在岗位上参与活动，在活动中体验反思，在反思中蜕变成长是十分必要的。实践活动本身不仅要注重吸引力、说服力和感染力，更要注重推动教师通过反思与行动来落实教育实效，提升师德。

浙江省嵊泗县初级中学范群老师曾这样写道自己的教育经历：

"第二次'逃离'的学生叫小慧，她的逃离则是因为受不了我过多的喜爱。

小慧是我们班的学习委员，聪明伶俐，长相甜美，德、智、体、美全面发展，琴、棋、书、画样样都会。这样的学生，怎么不令我欣赏、喜爱？于是，我把班级的大小事务都交给了她，也把很多的赞美和荣誉给了她，还推荐她参加了市县的许多活动。这些活动往往名额很少，很多学生可能三年都轮不到一次。我觉得，小慧在这个班级里一定会非常开心，也一定会对我感恩戴德。可是，有一天上午，她居然没有来上课，也不在家里，我和家长最后在沙滩边找到了她，这才知道了她想辍学，想逃离这个班级、逃离我的原因。原来，因为我对她的偏爱，使得她在班里成了孤家寡人，她经常受到同学们的讽刺和挖苦，也失去了许多朋友。昨天放学时，她收到了一封没有署名的来信，指责她抢走了老师全部的爱，是全班的公敌。这封匿名信让她与这个集体彻底对立了，这就是她不想来上学的原因。"①

范老师通过这个学生，体验到了作为一名人民教师应有的教师职业道德并不是那么容易做好。她开始反思自己，反思自己的教学手段，她发现这种偏爱不仅仅会让班级的其他同学产生不满，感觉自己不受重视，而且也会对受宠爱的学生造成伤害，会承受班集体的孤立、没有朋友的寂寞等。她认识到教师在教学中不能忽略一点，那就是爱是公平。无论是面对好学生还是学困生都必须要坚持"一个标准""一个尺度"，一碗水端平，绝对不能厚此薄彼。只有将爱分给更多的学生时，才会使这个班级更加温暖、和谐，才会让每个学生感受到被尊重、被爱的感觉。后来她开始改变自己的教学方式，不再过度地偏爱某个学生，而是把爱均匀地播撒给每个学生，如排座位时不按照学习成绩的好坏进行排座；班级评优和选拔班干部时都通过学生的民主选举产生；在教育教学实践中，把更多赞赏给予那些有进步的后进生。她的改变，让每个学生都感到了温暖与关怀，那个原来备受宠爱的学生也有了自己的朋友，重新得到了大家的喜欢，班级氛围也愈加温暖、和谐。可见，范老师在教育实践活动中，通过自己偏爱学生想辍学的教学事件，体验到为师不易的消极感受，通过对自身教育教学方式和师德缺失进行反思，在自身师德实践中真正领会并践行给予每个学生爱、公平、温暖与关怀。正是在参与—体验—反思—行动的师德实践模式中，范老师解决了班级问题，同时也提升了

---

① 本案例由浙江省嵊泗县初级中学范群老师提供。

自身师德水平。

然而，对于一线教师而言，师德养成并非一蹴而就的，实践中仍面临诸多难题与困惑。一方面，许多教师忙于教学工作，很少有充足的时间和大量的精力去认真学习师德知识，了解最新师德动态；另一方面，一线教师在涵养师德过程中，缺乏对师德养成途径的深层次的理解与思考，如如何全面理解师德的基本内涵？怎么才能形成师德涵养共同体？综合素质有效提升的关键途径是什么？最接地气、能被一线教师愿意接受的践行师德有效形式、方法与途径有哪些？有效解决这些问题才能真正告别空洞的理论说教，打通教师师德涵养从理解、认同再到内化、践行的最后一公里。就目前来看，解决这些问题的关键就在于加强师德培训。通过师德培训，教师们可以学习系统规范的师德知识，在权威专家教师的指导下，深刻理解师德内涵、师德养成形式、方法与路径；在和谐温暖的氛围中展开讨论，进行思想碰撞，反思自身的优点与不足；在观摩学习中，感受榜样的力量，体验高尚德行教师的"美"。通过耐心、细致、全方位的师德培训，帮助教师充分内化师德培训中学到的知识，及其能够应用于教育教学实践中的方法。作为教育生涯的终身事业，教师应"不忘初心"，时刻注意自身德行，坚定走涵养师德、提升品行之路，只有这样才能"方得始终"。

思考与分享

【案例】

由于第一年工作取得的"骄人成绩"，第二年学校继续让我带六年级毕业班，兼任班主任。这一年的工作与上年大同小异，但有一件事让我记忆深刻。那是春暖花开的时节，各校、各班都酝酿组织学生春游的事。我在与全班学生讨论后，决定带全班同学到南京市春游。学生在得知消息后都欢天喜地、翘首以待、急不可耐，全班同学都报了名。由于学生年龄小，不宜在外过夜，须当天往返。为了让同学们在南京游玩的时间能长一点，我们必须要在早晨5：00就从学校集合出发。那天早晨，出发时间将近，家长们陆续将自己的孩子送到学校集合，准备出发。但这时我发现班上的薛骏（化名）迟迟没到。由于那时电话和手机还没有进入寻常百姓家，尽管大家着急万分，也推迟了出发时间等他，但却始终不见薛骏或其家人的影子，最后我们只能丢下他，带着遗憾出发了。

第二天在学校，我一见到薛骏就火冒三丈，劈头盖脸地对他进行批评：报名时你最积极，出发时却不见你人影，也不请假。薛骏这时表现得却非常委屈，他含着眼泪向我道出了实情。原来，他的父母早就离异了，双方为了能各自顺利地重组家庭，都不愿意带他这个"累赘"。只有十多岁的他只能在父母每月微薄的资助下勉强独自生活。春游的头一天晚上，在他朝思暮盼的春游即将到来时，他兴奋万分。由于一个人独自生活，他担心一旦睡下去，第二天凌晨肯定不会按时醒来，于是他决定用整夜看电视的方式"熬夜"。可是到了夜深人静之时，睡意来袭，眼皮老是"打架"，为了保持清醒状态，他又开始在床上不停地蹦跳，以便驱散睡意。由于蹦跳时间过长，他还是因过分疲劳而不知不觉地睡去……这就是他最想春游，而又没去春游的真实原因。

听了他的"哭诉"，我本来愤怒的情绪顿时转变成了内疚和同情，心中泛起阵阵酸楚和强烈的自责：受批评的不应该是他，而应该是我这个不称职的班主任。由于在上年度自己在教学上干出了一点成绩，工作的重心也就放在了教学上面，而忽视了对学生的了解和关爱。我作为班主任，家访也时而进行，但多数是在学生学习上"出了问题"时才去家访，对自己学生校外生活的真实状况几乎是一无所知。如果之前我对薛骏同学做过家访，了解了他的生活现状，那么头天晚上我可能会让他在我的宿舍留宿，或在出发的早上提前去他家叫醒他。①

【思考】

1. 张老师的案例体现了师德养成的什么问题？请简要阐述。

2. 您有过类似此类的经历吗？如果有，请详细记录下来。

3. 师德养成最关键的还是在实践中体验、感悟、反思和行动。面对一些特殊儿童，比如留守儿童、单亲家庭的孩子、患有抑郁症的孩子、身体或者心理有些残疾的孩子时，您会选择怎样的教育方式与方法？

---

① 本案例由安徽省芜湖师范学校张学平老师提供。

第六章

温暖的师德培训

正如前章所述，师德的养成，不仅在于教师的师德知识与智慧的提升，更在于教师德性的涵养，内在的教育情怀和道德良知的激发，从而践履成为具有道德情操、理想责任、扎实学识、仁爱之心的"好教师"的使命。现实地说，开展师德培训，是当前非常重要、非常关键的一条师德养成路径。它通过科学合理的师德课程模块的研修，引导、驱动着我们教师去参与、体验、感悟、反思与行动，引领着教师去感知与传递温暖，在此过程中习得道德认知、涵养职业操守、确立职业信念、坚定道德意志，从而做一个温暖的师德实践者。正是基于这一需要，当前所有的中小学教师培训项目中，师德内容均被列为其中一个必备的通识性课程与核心模块；同时，很多培训部门还推出了专门的师德培训研修项目。本章结合教师参与师德培训的相关问题做些简要讨论。

一、师德是否可训与是否需训？

师德可以培训吗？需要培训吗？这似乎是一个多此一举的提问。然而在现实中，对于很多参训教师来说，它却又是一个实实在在的"真问题"。在教育行政机构与教师培训部门看来，师德当然是可以培训并且必须要培训的，师德培训是当前教师培训的重中之重。然而，一旦师德培训开展起来，却又变成了教师培训的难中之难，不受欢迎中之不受欢迎。我们很多中小学一线教师，对师德是否可以培训出来、要不要搞师德培训，显得心存芥蒂。

（一）教师参加师德培训的现状与困惑

毋庸讳言，当前我们中小学教师参加继续教育培训，的确存在不少困惑。从培训方的因素来分析，大体上是由于价值取向、内容、形式、考评等方面的偏差与欠缺造成的。正是这种种偏差与欠缺，造成当前我们很多中小学教师面对重复、低效的培训活动，多少都有一些抵触甚至反感。很多老师甚至一谈起参加培训来，就会感到爱恨交织、心中纠结。应该说，参加专业学习与自我提升，是我们教师群体的一种普遍愿望，绝大多数教师是乐于参与、乐观其成的。但是，"很多教师说，那些空洞无物、脱离实际的长篇大论，每每让人昏昏欲睡，但既然来了又不好意思中途退场，不免对这种培训讲座心生厌倦……教师职业决定教师需要终身学习，培训自然成了教师生活中必不可少的一部分。这些教师不是不想培训，而是较少遇到真正有价值、有针对性、能够解决实际问题的培训。"[①]这几句话，也许是当前很多教师参训心态的生动写照。

师德培训作为教师培训项目中的一个特殊类型，更是如此。从整体上说，当前中小学教师参与师德培训的状况和实效是不尽如人意的。有一线老师就直截了当地历数了种种不受欢迎的师德培训。

"每学期开学前一周，都是我们师德培训的时间，这已经成了惯例。培训主讲一般是本校领导和教师，有时也有外请的同行乃至专家。不过作为参训教师中的一员，我对这样的培训是不以为然的，相信绝大多数同行也跟我感觉一样。我想，为大家不以为然的师德培训，可能是犯了如下错误。

一是大谈理论。从孔子到苏霍姆林斯基，都是一些干巴巴的条条框框。而这些条条框框，在教育界早已是共识。对于这些教条的宣讲，最是无趣，最难打动人心，难怪我们会昏昏欲睡。这样的培训内容，没有也罢。

二是表功式的教育叙事。主讲者将自己的教育经历包装成一个个跌宕起伏的

---

① 朱郁华. 教师培训缘何让人爱恨交织［N］. 中国教育报，2013-02-20（4）.

煽情故事，讲得眉飞色舞。这虽然比干巴巴讲理论有感染力，却往往经不起推敲。关键是教育经历仅仅呈现为一个个素材，作者对它进行了过度加工。艺术性是增强了，真实性却削弱了。七实三虚的，让人搞不清楚哪些才是他真正的经历。听这样的培训，也就是听了一阵说书而已。

三是苦情式的业绩宣讲。这是一种当前较为主流的劳模叙事。不外乎带病工作，父母儿女重病顾不上照顾以致留下遗憾，从微薄的工资里省出钱来资助贫困学生甚至家庭，用自己的工资建立班级图书角或班级小药箱，等等。在这种宣讲里，看不到自己对家庭的责任，反倒有许多越俎代庖。听的当时，眼角确实有点湿润；但说到向他学习，恐怕很难。原因是这里面牵涉伦理问题、责任问题、负担问题。对这些问题的忽视，使师德模范成了云端里的圣贤，可望而不可即。

四是将违法违规当作德育智慧宣讲。有利用体育课学生不在教室之机搜检学生书包抽屉的，有和班干部唱双簧演红白脸的，有在班上安插眼线卧底事事打小报告的……这种给学生用三十六计的'智慧'宣讲，听来常惹得满场爆笑，却不知其是否违规违法。这种导向错误的德育培训，只能当笑话段子听听。

五是将自己对学生的溺爱、对家长的迎合当作德育亮点宣讲，或者把对学生的虐待、惩罚当经验宣传。比如，全国影响很大且被许多人效仿的动辄让犯过失学生写几千上万字的'说明书'，介入学生家庭劝和打算离婚的父母，从网吧里撵包夜的学生，利用节假日无偿给全班学生补课，等等。明明是有违教育原则，却把它当作工作上的突破。有些做法甚至已经完全超越了教师的职权范畴，却横插一手。且不说教师的时间精力能否允许，这种需要社会联动才能解决的事情，却一个人干了，可持续吗？

六是培训本身所蕴含的非道德因素。这种培训往往长官意志十足，丝毫不顾教师的感受。让教师最反感的，一是培训占用假期时间，使教师的假期休整严重缩水；二是趁机压销某领导某机构的发言汇集或文件汇集，培训敛财两不误；三是领导高高在上，开口就是对整个教师群体指责、训斥、挖苦，却不反思自己如何，教师间流传着多少他的掌故。让这样的人进行师德培训，不是缘木求鱼吗？"[1]

这位老师所历数的种种师德培训"罪状"，语气也许有些辛辣，观点也并非

---

[1] 本材料由甘肃省岷县一中姚志忠老师提供。

完全客观正确，培训者听来更未必受用，但在一定程度上，却也道出了我们广大教师对师德培训质疑、不满与抵触的症结所在。

更有论者，从研究层面理性反思，概括出了师德培训所存在的问题。比如，在培训观念上，缺乏"师本"意识；在培训目标上，"高""大""空"；在培训内容上，片面化、狭隘化；在培训形式上，表面化、形式化；在培训评价上，量化、单一化、功利化，等等。[①]如果师德培训真的做成这样，能怪老师们心存疑虑、误解与抵触吗？老师们还喜欢得起来吗？它的综合实效能好得起来吗？

其实，站在师德培训项目管理的角度讲，很多人也不是没有意识到这个问题。多年从事师德培训项目管理与实施的黄佑生老师说："是的，我们不得不面对一个现实：老师们参加培训，看到师德专题，还没有开始听课，很多人就已经做好了这堂课睡觉、看书或玩手机的准备了。这反映出什么问题呢？可能就是：老师们反感师德培训，或者目前的师德培训得不到老师们的喜欢。为什么老师反感或不喜欢师德培训呢？真的值得我们师德培训者深入思考和探讨，与时俱进，谋求培训的变革与创新。"[②]

但师德培训真的如此悲观吗？

在参加教育部"国培计划"2013年师德培训者研修项目之前，来自黑龙江省佳木斯市第十九中学的罗大涛老师对这次难得的学习机会还是充满期待的。尽管如此，这位师德模范教师，"最美女教师"张丽莉的同事，心中依然困惑重重。"毫无疑问，我们都在自己的岗位上关爱着孩子，践行着师德。但当我跟我的同事们说起要参加这次全国性的师德培训时，他们都满脸疑惑和惊讶：师德还用培训吗？这是不是意味着参训的老师反而缺乏道德？师德能培训出来吗？师德培训会怎么进行？……"在参加该培训项目的近100名学员中，一开始跟罗大涛抱有同样疑惑的，为数不少。

……

然而，就在十天培训后的结业返程之际，罗大涛却感叹："我原本以为会来接受一大堆道德训教、规范要求，没想到却收获了满满的关怀和暖暖的幸福。项

---

① 姚林群. 当前师德培训的问题与策略分析［J］. 江西教育科研，2007（5）.
② 本材料由湖南省中小学教师培训中心黄佑生老师提供.

目团队的敬业精神、阳光心态、微笑服务和入微关怀，整个研修共同体的种种温暖，深深地感染和激励着我。"这位来自中学一线的师德标兵，仅在短短十天的培训过程中，自身的师德水平竟然又像脱胎换骨了一样，得到了进一步的升华。对此，他的同班同学也有深刻的体认："道德从来不是说教，培训更不能说教，而是要给老师们提供一个平台，提供一个机会，让他们去感受、体验、内化。师德培训不能只是技术与方法的培训，更重要的是人格、境界和良知的感染。当整个培训项目团队表现出奉献利他的人生境界、心怀敬畏的工作态度和无微不至的培训关怀时，就无法阻止学员对自己的教育人生做出更深的思考，进而积极投入到培训的学习和反思中。这样的培训，无疑是高效的，对学员们的触动和感染也是深刻的。"[①]

由此看来，师德培训尽管整体现状不尽如人意，但近年来，随着教师培训研究的发展，教师培训专业化水平的提升，现实中也逐渐涌现出了不少让中小学教师喜闻乐见、收获明显的师德培训。应该说，不管是具体的师德培训课程，还是专门的师德培训项目，只要它真的做得好，能够深入人心，也是可以起到很好的效果、深受中小学教师欢迎的。问题的关键在于，师德培训做什么、怎么做，我们教师作为参训者又以何种目的、怎样的心态参与其中，能经历到什么、感受到什么。因此，当前我们讨论要不要参加师德培训无疑是苍白的，更重要的，是如何"捧着一颗心来"，共同演绎出生动的研修实践，不忘初心、方得始终，活在其中、绽放精彩。

（二）师德培训的现实要求与培训政策

当前推动实施师德培训，势在必行。这不仅仅是我们中小学教师专业水平、师范素养、师德水平综合提升的基本要求，同时，也是新的时代背景下社会发展与教育发展对教师提出的重要要求。回顾本书前面章节的讨论，我们不难认识到这个问题的意义与价值。因此，我们这里就不花费过多的笔墨，再去分析论证这些问题了，这也不是本章的目的和任务。

正是鉴于师德建设的现实必要性与迫切性，我国教育行政管理部门历来十分

---

① 本案例来自笔者的师德培训班班主任管理手记。

重视师德建设与师德培训。回顾历史，改革开放以来的三四十年时间内，从1984年国家教委颁布新中国第一部《中小学教师职业道德要求（试行）》开始，我国又陆续制定颁行了《中小学教师职业道德规范》（1991年）、《中小学教师职业道德规范》（1997年修订）《关于加强中小学教师职业道德建设的若干意见》（2000年）《中小学教师职业道德规范》（2008年修订）和《中小学教师违反职业道德行为处理办法》（2014年）等一系列师德管理规范文件，对中小学教师的师德建设专门提出规范和要求，进行规约与管理。所谓"国六条""国八条""师德红线"等业内约定俗成的概念，恐怕早已成为大家耳熟能详的要求。

近年来，我国教育改革发展不断推进，教师教育政策有了相应的调整，教育培训经费投入大幅提高，可见，国家与社会对教师教育培训更加重视了。在这个大的背景下，师德建设及其师德培训政策也陆续出台并逐步完善。这里，简要列举教育部近年来颁行的几个重要文件中关于师德培训的规定与要求。

1. 2005年1月颁布的《教育部关于进一步加强和改进师德建设的意见》（教师〔2005〕1号）提出："在市场经济条件和开放环境下，学校教育和师德建设工作面临许多新情况、新问题和新的挑战；人民大众对于优质教育日益增长的需求，对教师素质提出了新的更高的要求。师德建设工作还存在许多不适应的方面和薄弱环节。教师队伍的师德水平和全面素质亟待进一步提高，师德建设工作亟待进一步加强和改进，师德建设的制度环境亟待进一步改善。在新的历史时期，加强和改进师德建设是一项刻不容缓的紧迫任务。"

"加强和改进师德建设的总体要求是：以马克思列宁主义、毛泽东思想、邓小平理论和'三个代表'重要思想为指导，紧紧围绕全面实施素质教育、全面加强青少年思想道德建设和思想政治教育的目标要求，以热爱学生、教书育人为核心，以'学为人师、行为世范'为准则，以提高教师思想政治素质、职业理想和职业道德水平为重点，弘扬高尚师德，力行师德规范，强化师德教育，优化制度环境，不断提高师德水平，造就忠诚于人民教育事业、为人民服务、让人民满意的教师队伍，为培养德、智、体、美全面发展的社会主义建设者和接班人做出新贡献。"

"建立和完善各级各类学校德育工作者培训制度。对学校班主任、辅导员等德育工作者进行师德教育专题培训。建立和完善新教师岗前师德教育制度。各级各类师范院校和举办教师教育的综合大学，都要适应新的要求，将教师职业道德教育列为教师培养和职后培训的重要环节。要把师德教育作为新一轮中小学教师全员培训的首要任务和重点内容。"

2. 2013年9月颁布的《教育部关于建立健全中小学师德建设长效机制的意见》（教师〔2013〕10号）提出："将师德教育纳入教师教育课程体系。师范生培养必须开设师德教育课程，新任教师岗前培训开设师德教育专题，在职教师培训把师德教育作为重要内容，记入培训学分。"

"创新师德教育内容、模式和方法，突出针对性和实效性。采取实践反思、师德典型案例评析，情境教学等丰富师德教育形式，把教书育人楷模、一线优秀教师等请进课堂，用优秀教师的感人事迹诠释师德内涵。结合教育教学、社会实践活动开展师德教育，切实增强师德教育效果。"

3. 2011年1月颁布的《教育部关于大力加强中小学教师培训工作的意见》（教师〔2011〕1号）提出："以师德教育为重点，增强教师教书育人的责任感和能力水平。大力加强师德教育。重视教师职业理想和职业道德教育，将师德教育作为教师培训的重要内容。学习贯彻《中小学教师职业道德规范》。创新师德教育的方式方法，增强师德教育的实效性。开展丰富多彩的师德教育活动，广泛宣传模范教师先进事迹，弘扬人民教师高尚师德。将师德表现作为教师考核的重要内容，并与教师资格定期登记紧密挂钩，形成师德教育和师德建设的长效机制。"

4. 2013年5月颁布的《教育部关于深化中小学教师培训模式改革全面提升培训质量的指导意见》（教师〔2013〕6号）提出："要将中小学教师专业标准、师德教育和信息技术作为通识课程，列入培训必修模块。遵循立德树人的根本要求，增强教师教书育人的责任感和使命感。"

上述多份文件，从师德培训的意义与价值、整体思路、工作机制、课程设置、培训模式、管理评估及其制度保障等多个方面，对中小学教师师德培训工作进行了综合规定，成为当前各级教育行政部门和教师教育机构开展师德培训的纲领性、指导性文件，也是我们教师参与师德培训的政策性和法理性依据。因此，对于我们教师而言，顺应时代发展、教育改革发展的要求，结合自身专业发展与综合素质提升需要，积极参与师德培训，努力提升自身师德素养，是必要而且必需的行动。

（三）师德建设呼唤师德培训的现实变革

纵观全球，几乎没有哪个国家可以完全撇开师德要求、教师发展来谈教育发展的。而现实中师德建设遭遇的种种无力与挫败，却又让人们不得不对师德培训问题一遍又一遍地老调重弹。综上所述，我们认为，在当前我国社会与教育改革发展形势下，还继续空谈师德是否可训或者是否需训的问题，恐怕只会流于苍白的纸面讨论。重要的是，我们如何脚踏实地努力演绎出生动的培训实践，让国家与社会这种耗费了大量人力物力的师德培训活动，不要成为拷问责罚与简单约束我们教师道德心灵的"达摩克利斯之剑"，而是转换为浇灌师德鲜花绽放的源头活水。归根结底，现实中的师德培训之所以屡遭诟病与教师抵触，并不是源于师德培训活动没有价值或者不重要，而是源于各种培训活动本身因价值观、内容、形式、评估等问题导致的严重低效乃至负效。因此，在当前，要增强师德培训的有效性，使师德培训受教师欢迎、乐于接受，至少要实现以下三个转向与变革。①

一是培训价值观的转向与变革。在教育的相对独立性尚未清晰确立、一定程度上还是"政治婢女"与"经济侍从"的现实境遇下，人们所希望实现的师德，往往会呈现出一种政治主义服务价值观。我们教师往往被隐喻为"工程师""春蚕""蜡烛"等物件，供奉于高高的道德祭坛，却常常被忘却了教师也是存在合理欲求、需要常眼看待和人本关怀的凡人个体与凡人群体。这些问题，前面的章节，我们都进行过细致专门的讨论。因此，当前的师德培训，首先要从服务教育、服务政治的价值取向，转向促进教师综合发展的关怀伦理取向，从政治视角、官方立场转向人文视角、教师立场，让教师走下祭坛、回归凡间，定位于、着眼于教师作为一个"人"的自身发展与幸福。简单的"圣人"或者"凡人"，并不能概括我们教师角色的全部，而只有给教师赋予关怀、温暖，教师才可能更有可能成就为真正意义上的教师。另一方面，正是基于政治主义的服务价值观，当前对师德的要求，也往往从规范伦理的角度出发，认为讲师德、搞师德教育就是对教师画出种种道德条框、开出种种道德药方、提出种种硬性要求，却忽视了我们教师自身内心的德性，忘记了德性可以被激活、从而照耀光辉的德行，忘记了我们多数教师其实都是在自己本职岗位上默默地坚守与付出，都在运用爱心、慧心坚守好教师和好人的师德责任。诚然，在师德堕落、道德滑坡等典型事件层出不穷的情况下，对我们教师群体系统提出基本的职业道德规范，无疑是必要和及时的。但我们又绝不能"一叶障目，不见泰山"，因对事物的全貌缺乏科学判

---

① 参见戴双翔. 师德培训要实现三个转向［J］. 中小学德育，2014（1）.

断而做出失当决策。事实证明，这种降格以求并无益于问题的根本解决。再好的规范，也只会促使牲口循规蹈矩，却注定难以唤起人内心的激越与崇高。就如同雅斯贝尔斯所说："教育本身就意味着一棵树摇动另一棵树，一朵云推动另一朵云，一个灵魂唤醒另一个灵魂。"因此，在师德教育领域，我们不妨努力寻求视角的改变，从外在冰冷的规范、律令、条框，转向内在的唤醒、摇动与激活。"吾欲仁，斯仁至矣！"这就是本书一再强调的，我们希望通过对这些共同关注的问题的思考、探讨、体悟和分享，引导我们教师主动践行，从而做一个"温暖的师德实践者"。

二是培训内容体系的转向与变革。的确，以往那种因循守旧的师德培训，要么空谈教师应该如何的道德性理，要么大表教师如何自我牺牲的戚戚悲情，要么历数教师劳心苦志的艰苦岁月，要么描述教师飞蛾扑火的雷锋人生，有着明显的政治和意识形态的倾向性，整体上呈现偏窄、狭隘而畸形的特点。这样的培训，最基本的问题是教师作为"人"的缺位，给我们教师群体带来的感受，往往是"处处见人却无人"；这样的培训，教师即使身体在场，却很有可能心灵缺席，其结果是教师内心倦怠并滋生抵触情绪。因此，实现师德培训内容的转向，就要努力摒弃清规戒律、奉献牺牲、悲情戚戚、鞭笞挞伐型的"小师德"培训，走向综合关注教师生存境遇、专业发展、教育幸福的"大师德""新师德"培训。这种"大师德""新师德"培训的内容体系，正如我们前文讨论新师德视野中的师德基本要求与表现时所分析的，它应该立足于我们广大教师自身，以关怀教师、促进教师发展为本，层次丰富、结构清晰；它必须引导我们教师在教师与学生、教师与同侪、教师与社会、教师与世界乃至教师与自身交往的不同场景中，增进知识、扩展智慧、提升能力、陶冶情感与彰显德性，从而综合提升我们教师作为一个"凡人"、一个"好人"在活色生香、色彩斑斓的教育世界中的生活韵味。

三是培训活动形式的转向与变革。我们都知道，性格要靠性格来塑造，道德要以道德来完成，以善才能致善。美好的教师人格，不会通过一个病态的社会来实现；完善的教师道德，也要靠完善的社会道德来完成。因此，美好的社会道德环境的营造，是促进师德教育有效性、提升师德境界的重要先决条件。要求教师做"好人"，就要努力为教师做"好人"、用心做教育营造良好的整体社会氛围。而从具体的培训活动形式来看，当前必须实现从"规范"到"德性"的转向。师德境界提升的根本路径，不是外在律令的规范、外部道德的灌输，而是内在德性的唤醒、内心世界的激活。正如北京奥运会口号"点燃激情，传递梦想"所说的那样，如果一次教育培训活动能够激活教师沉睡、倦怠的内心，唤醒教师心灵最深处存有的那份教育的热情、责任、担当、使命，明确并坚定教师的职业理想，温暖并照亮教师的教育人生，它就必定不失为一次成功的培训。这样的培训，显然不能靠空头理论家的格物修道，而是要引导我们教师在活生生的教育生活场景中，努力去体悟、苏醒、感染和践行。

问题在于，在这三个转向与变革中，作为参训者的中小学教师，如何发挥自身的主体性，可以在其中做些什么？又如何将师德培训活动引入指向我们教师自身幸福、充满关怀与温暖的研修之旅？我们教师自身也要努力思考与回答三个基本问题：我是谁、我从哪里来？我来这里做什么？我要到哪里去？

思考与分享

【案例】

如今的一线教师，"被培训"得过头了。

本来不过是一个萝卜，每天在各自的坑里挣扎。虽然半个身子已经裸露在外，但依然拼命向上，吸收营养，生发出如盖的叶子，庇护着身边的土地。如果被拔出坑来加油，就需要另一个萝卜放弃喘息之机，填上那个坑。如果付出双倍的精力能够加点油水的话，倒也值得。可事实是，通常只能悻悻而归，因为那些不关痛痒的"加油站"里根本没有油，只有水。

其实，做教师的人都应该清楚，培养人，纸上谈兵是没有用的；先入为主地认为培训对象很无知，继而指手画脚地强行灌输，更是无用。那些所谓培训专家，很少深入学校、走进教室、了解师生关系，仅凭坊间流传的个案或无良媒体的炒作，就认为广大教师集体"缺德"，只能说，他们缺得更多。

师德修养不需要外力培训，只需要自我培植。①

【思考】

1. 对案例中张老师的观点，您怎么评价？

---

① 本案例由暨南大学附属小学张萍老师提供。

2. 回顾思考一下，自己最近参与的一次培训的动机与参训感受怎样？跟上文张老师的体会有什么异同？

3. 回顾一下上述那个培训项目中的师德课程，有哪几方面是对自己有所触动与感悟的？

二、激发与传递感染力是师德培训的核心原则

从培训项目设计、培训管理实施的角度分析，对于提升师德培训效果而言，或许可以罗列出一系列的培训原则，总结出种种必须遵循的培训规律，力图促进师德培训的科学化、专业化、精细化。这不是本章要讨论的重点。站在教师视角、教师立场来分析师德培训，我们认为，激发与传递教师内心的师德感染力，无疑是师德培训最为核心、至关重要的原则。

（一）感染力是师德培训的核心动力

我们体会，教师培训作为一项旨在促进教师综合素质提升的实践性活动，其目标大致存在于三个方面：提升学习力，增强行动力，传递感染力。提升学习力与增强行动力固然重要，但在这三者之中，传递感染力又是最核心的、第一位的。最有力量、最能打动人心的培训，就是具有感染、能感染教师内心的培训。[①]师德培训作为一种特殊的教师培训实践，一种特殊的德性实践活动，它绝不能仅止于道德知识的授受、道德智慧的增进，也不能仅仅满足于教师道德情感的陶冶，更重要的是，它本身就是一个道德体验、道德践履、实践感悟的过程，这就是我们前文讨论的师德知、情、意、行综合修炼的过程。这种修炼，它本身就要靠一种道德实践、道德感染来完成，要以道德的培训来实现道德的感染、感化。从实际效果来看，我们中小学一线的教师，也绝不应该以仅仅掌握与完成师德发展的知识与能力、策略与方法为目标，更要通过参与培训实践活动，燃起我们那或许久已沉睡的内心，点燃、激发与传递我们心灵深处的那一份初心、情怀、想往、责任与使命。因此，感染力可谓是师德培训最重要、最核心的特征，也是师德培训效果提升的核心动力。

---

① 参见戴双翔，王红. 如何做有感染力的师德培训［N］. 中国教育报，2013-7-9（6）.

回顾我们以往所参加的那些传统模式的师德培训，之所以会让人心生反感与抵触，最主要的原因，不是缺乏系统的师德知识，不是缺乏对教师学习力、执行力的提升，主要还是缺乏感染力，缺乏推动我们教师主动改变的内在动力。从培训项目设计来看，它也许是精细的、科学的、系统的、完整的。但换一个角度，站在教师们的立场上来看，它却往往变得那么缺少亲和、缺乏感染。传统培训常常摆出一副板起面孔来说教的样子，让教师感觉接受师德培训就是对自己画出道德条框，开出道德药方，提出种种红线要求，却往往忽视了教师自身的动力之源、内心感染力的神奇力量。这也就是上文中我们讨论的，为什么我们教师一谈起师德培训，就会心生疑虑与抵触、可以历数出一大串"罪状"的原因。那种缺乏教师发展内在动力之源的培训，自然不可能激起我们教师的共鸣、共振，最后流于低效甚至无效也是必然的了。总之，感染力是师德培训的灵魂，是促进教师主动觉醒、主动改变的动力之源，是促进师德发展从"必然王国"走向"自由王国"的钥匙。对于我们教师而言，一次良好的师德培训，一定不是在说教中，而是在被打动、被感染中才能获得实效的。只有我们教师内心被点亮了，自身被感染了，主体意识被唤醒了，道德价值观的反思和触动才能直抵自身的灵魂深处，才有可能激发自己主动反思并践行师德，从而实现以道德塑造道德、以灵魂唤醒灵魂。

事实上，如果贯彻得好，这种内心的感染，可以渗透于教师参训的每一次研修活动，乃至点点滴滴。一位教师这样记录了她参加师德培训活动的感受：

"今天上午聋人学校的学习活动，再次震撼、再次感染了我。第一次零距离地接触聋人课堂，看到那些孩子们对知识的渴望、对美好生活的追求，我的眼睛不知不觉就湿润了。他们靠手语和喉咙深处蹦出的不规范的'语言'去交流、去读课文，而老师则用很大的声音、张大的嘴巴、夸张的手语及肢体语言费力地和学生开展可能是最简单的交流。这种场景，让我再次对教师这个职业肃然起敬。人们常说，爱自己的孩子是人，爱别人的孩子是神，我觉得这些特殊学校的老师，才真的更加不容易，才是当之无愧的师德楷模。是他们，撑起了特殊教育的坚强脊梁，给那些无助的孩子带来了温暖的力量。和他们相比，我们太微不足道了，也太平常了。"①

---

① 本案例来自山西省临汾市五一路学校张玉琴老师的培训研修日志。

　　我们相信，一次特殊的培训活动经历，通过考察特殊教育学校师生的日常活动，了解特教教师平日里是如何费尽心思地努力与学生展开交流、进行授课，进而联系并比较自己作为一个正常班级、平常教师的日常工作，教师自然而然就会被特教学校教师那种纯粹而没有功利性的教育坚持所深深感染，由此激发自己深刻反思"什么是教育？怎样才能做好教育？""什么是师德？我们需要什么样的师德？"等根本性的教育价值问题。这样的师德培训，自然会深受老师们欢迎。

　　教师内心一旦被感染、被激活，就可以变成无穷的力量，弥散到教师培训活动的全部活动中，进而大大扩张了培训的整体效果。曾经有这样一个典型的案例：[①]

　　来自山东青岛的宫振胜老师出发参加培训前，病重的父亲已处于弥留之际。对于究竟要不要来参训，他内心无比纠结。培训项目提前预热的种种交流活动，已经深深感染着他、吸引着他，对他似乎产生着一股无法抗拒的魔力，而病重的父亲，则又让他的出行变得如此不舍，"虽然显得不孝，但我更不想失去人生中这次宝贵的思考交流机会。"强忍着可能随时失去亲人的纠结与痛苦，10天时间里，他发疯似的参与种种活动的研讨、交流，抓紧每一个珍贵的时刻积极反思和写作，形成了18篇、数万字的研修论文。同时，他还担任了研修班的班长职务，积极投入到班务管理与同学生活服务之中。他的数篇博文在班级研修博客上一经刊登，就被几家教育杂志抢单预订。所幸，他的父亲勉强熬到了他结业返乡的那一天。"我来了，但我错过了；我错过了，但所幸我还是来了。"宫振胜老师感动地说。宫老师说，这次培训，是他一辈子刻骨铭心、也终身受用的培训。受其学习劲头和奉献精神的感染，他的同班同学，来自山西运城的王卓民老师在培训活动中，也同样显得动力无穷，激发出巨大的学习热情。他年纪比较大，患有严重的椎间盘突出，每次连续坐半小时都很痛苦。本打算报到之后就请假的，但王老师被包括宫振胜老师在内的很多同学的学习激情以及日日推陈出新的活动安排深深感染，因而他虽然病痛缠身，却对参加种种活动显得欲罢不能，成了从头到尾站着上课学习的一名特殊学员。这些培训活动深深地吸引着王卓民老师，让他生怕错过了觉得遗憾，也让他始终停不下思考的脚步。

---

① 本案例来自笔者的师德培训班班主任管理手记。

也许，在培训期间，这些教师不是天天的课程、场场的活动都在开展着师德内容的学习，但他们却在相互感染、相互激励，各自用自身的行动，在实践、示范着最为真切的师德，因而也必定可以感染、感动更多的人。

我们相信，教师的这种内在动力之源、核心动力一旦被激活，必将迸发出巨大的能量，引导着他们在行动中践行，在提升中传递。由此，也自然会涌现出一批富有感染力、充满情怀与使命的教师群体。这种感染力的提升，必定会如同蒲公英般，把美善的师德种子撒向更加广袤的教育原野。

（二）反思是感染力激活的加速器

关于师德建设，有研究者提出，当前必须实现师德观念的转换，推动抽象化师德转向实践性师德[①]，将师德根植于教师丰富的教育实践中，推动教师发现、思考并尝试解决道德问题，师德境界通过反思由此提升。为此，我们教师应该着力抓好"反思"这个关键词，在培训活动中努力促进自身深度反思。

反思具有非常重要的意义。可以说，反思是人的生活的一部分。作为一个理性的人，一个道德存在物，人的生活中不能缺少反思。这就是苏格拉底说的，"没有反思的生活，是不值得一过的生活"。只有通过反思，一个人才能更好地实现苏格拉底所说的"认识你自己"；也只有通过反思，一个人才可以始终保持一种激活的状态、一种积极探究的境地，从而不停歇、不间断地发现与整理自己的思想，统合外在资源来自主建构内在世界。因此，反思是一架人的自我提升的重要阶梯。

有研究者充分肯定，在师德培训活动中，教师作为师德活动的主体，只有通过对师德规范的领悟反思、理性认识和心灵对话，在心目中牢固树立道德理念，才能生成浓烈的道德情感，并自觉地将道德理念付诸实践，实现道德理念与道德践行的统一。[②]因此，在师德培训过程中，教师的反思十分重要。它不仅仅是师德培训活动、师德课程的一个具体环节，甚至可以上升到一种师德培训模式，我们姑且称之为"反思型师德培训"。用一个形象的比喻来说，反思就是师德感染力激活的一个重要加速器。

---

① 王凯. 近年来我国师德观念发展的三大趋向［J］. 中国教育学刊，2013（1）.
② 张晔. 论师德修炼的内省—反思机理［J］. 道德与文明，2014（1）.

因此，当前我们教师参加师德培训，应该努力贯彻教师培训"做中学""激发深度反思"的培训路线，积极主动地参加培训方组织的各种浸入式、参与式的研修活动，通过一系列任务驱动式研修实践与达成，激发内在的学习动机，促进自我深度反思。情况往往是这样：我们教师在多重反思与分享行动中，会惊喜地发现，一个又一个创新型的成果、生成性的智慧在此过程中不断生成；同时，我们教师自身的师德感染力会被一层又一层地点燃与激发，从中获得了继续前行的无穷力量。这样的培训研修，对于我们教师而言，收效无疑远远超越了听取一个又一个的理论讲座。当然，为了实现这种反思性的培训目标，培训项目本身在师德课程设计上，也必须要多些精心安排和科学设计。如果像以往一样，简单采取菜单式、拼盘式课程组合，单纯采取专家讲座、师德报告等单向式的培训方式，必定达不到预期的反思效果。

一位教师在自己的参训研修日志中这样写道："创新是提高培训实效的根本。这次培训，很多新的方式，我以前从未听说。'田野学习''锵锵三人行''世界咖啡''工作坊''体验学习''模拟师德论坛'和'电影鉴赏'等，让我们一线老师耳目一新。""培训采取了学员全面浸入、主体参与的任务驱动型培训，以专题讲座、案例分享、锵锵三人行、小组合作探究、研讨与分享、现场观摩、事迹报告、学术论坛、电影赏析、世界咖啡、师德巡讲、微课诊断等多重方式，增强了师德培训的说服力、吸引力、和感染力。"[1]

因此从根本上说，参加师德培训，我们教师并非希望培训者简单给予我们什么，而是希望能够尽量给我们教师搭建平台、创设场景、安排活动，推动我们教师自身积极反思与体悟。通过反思这一加速器，激发和彰显我们教师内心的师德感染力，并继以实践行动。在经历与经验中，在深刻的多重反思中，我们教师会逐步明了自己需要什么，未来应该怎么做。

教师的师德反思，一方面既是成果的积淀和智慧的生成，是师德感染力点燃之后添加后续推进剂的过程；另一方面，它本身即意味着教师的成长和教师师德水平的改进提升。只不过这种改进提升，是在潜移默化的过程中完成的，是在随

---

[1] 本案例来自浙江省嵊泗县初级中学范群老师的培训研修日志。

风入夜、润物无声的过程中实现的。当然，我们教师的师德反思，也存在不同的层次与合理的逻辑进路，我们简单将其概括为"三化"。一是将师德感染固着化。学、问、思、辨、行，反思是将这种生成与生长贯连起来的重要中间环节。我们教师在参训过程中，要通过"学"与"问"进而反思：今天的这次活动或者这堂课我的重要收获是什么？为什么会受感染？是师德课程的什么内容、什么场景打动感染了我？我是谁？我从哪里来？相比而言，我的落差或距离在哪里？由此，激发而出的内心感染明晰化、固着化。二是将师德感染提升化。通过自我反思、小组反思、团体反思，以及反思之后的小组分享、团体碰撞、价值澄清，从而进一步明辨明晰：我作为一名参训教师，来这里做什么？我的内心灵魂受到了何种熏染？这种熏染为什么是有价值的？我应该如何改变与改造我自己？从而教师的内心德性获得进一步激活与唤醒，感染力得到进一步扩大与升华。三是将师德感染实践化。通过多重深度反思，多次解剖与自我建构，教师要进一步思考：我要到哪里去？如何去？如何坚定我的价值立场、笃行我的价值行动？也即将感染力外化为自身的行动力，落实到自己未来的教育教学生活中，从而就像火炬接力一样，将这熊熊燃烧的火炬传递下去，实现感染力的传递。

（三）以师德实践活动传递感染力

真正有生命力、为教师喜闻乐见的师德培训，重要的不是它的"高大上"，而是能够紧接地气，让美善的师德种子能够有地方落地生根、发芽开花，让我们教师被激起的师德感染力在更大的区域内薪火传递，将美善的师德种子播撒向更加广阔的原野。师德培训如何真正做到"有根""接地气"，并激发与传递师德感染力呢？简单地说，那就必须要有实实在在的师德实践活动。要让教师在行动中践履，在活动中升华，使他们被激起的师德感染力有向外传播的原野，点亮的心灵有播撒光芒的天地。

点亮心灵，照亮世界。深受感染后的教师，行动会具有无穷的力量。因为感染，所以传递感染；因为关怀，所以传递关怀；因为幸福，所以传递幸福；因为温暖，所以传递温暖。这种师德培训价值理念下的实践活动，必定具有深度的活力。那么，到何处去传递教师的这种感染呢？我们教师的生活场景与活动舞台主要是学校、课堂，教师的交往对象主要是学生、教师同侪、家长与社会，因此，上述场景与对象，就是教师实践活动展示、传递感染力的基本舞台。

事实上，在师德培训过程本身，就可以充分利用点燃激发而出的这种师德感染力，因势利导，使培训活动本身折射出耀眼的光芒。在此方面，教育部"国培计划"2013年、2014年师德培训者研修项目积极开展了一项尝试性探索，那就是及时而充分地利用"师德国培"的资源，走进当地教育，服务当地教育，让师德感染力即刻能够落地生根。培训项目方与当地教育部门联合组织，举办了"践履师德规范，提升职业幸福——让师德建设之花开遍原野"的系列活动，在项目实施当地，让这批接受师德培训、内心深受感染与激励的参训教师，带着内心的感染与冲动，带着问题与反思，走进当地的教育片区、学校，走近师生群体，通过行动使反思进一步沉淀固化，促进反思效果的提升。具体活动形式是，参训教师分组深入到当地不同区域的中小学校，运用刚刚学习到的师德反思与改进策略，进行学校师德建设现场诊断，开展师德大巡讲，举办师德演讲感染力研讨等。通过这些活动，教师综合反思研讨"什么是好的师德?""什么是好的师德演讲?""怎样提升师德演讲的感染力?""自己的师德水平如何?""自己的师德演讲存在哪些不足?""自己做师德问题诊断还欠缺什么能力?"等问题。凡此种种，一方面促进了参训教师在"被学习"中、在参与式研修中主动寻求师德自我提升改进的策略;另一方面，也通过激发感染、传递感染，在当地基础教育界激荡起了一股师德建设的旋风，彰显师德感染的力量。因此，这种师德实践，一方面促进了参训教师师德综合素养提升，另一方面又发挥了师德培训资源对地方的辐射功能，从而达成了参训教师的自我提升与师德培训服务地方师德建设的统一，实现了参训教师传递感染力、提升执行力和当地提升教师师德水平、推动师德师风建设的多重目标。

总之，以点燃唤醒教师的内心动力之源、激发传递师德感染力为基本原则，以推动教师反思与行动来促进实践性师德的形成，是当前师德培训一条行之有效的途径。

思考与分享

【案例】

桂贤娣，湖北省武汉市汉阳区钟家村小学的一名教师。作为从一名普通的乡村女教师成长起来的优秀教师，她是湖北名师方阵的领军人物，被誉为"情感育人、智慧育人的教育专家"。

"我工作，我快乐；我生活，我阳光。"桂贤娣认为，爱学生是一门科学，也是一门艺术；教师最重要的是走近学生，只有了解学生，才会懂得如何去爱学生。数十年来，她始终怀着阳光的心态、快乐的情感，用情感和智慧激活童心，将真情与满满的爱投入到学生身上，引导着学生幸福地成长。

真挚的情感和阳光的心态，是桂老师带给学生最大的影响。

"每天有一些小成绩、小进步、小满足，这样，你的生活才会充满阳光。有了阳光的心态，你才会把阳光播撒到每个孩子的心中。"桂老师这样阐释自己的幸福观。

桂老师从不掩饰自己的幸福："只有幸福的教师，才会教出幸福的学生。跟我的孩子们在一起，我是幸福的。"

"我的孩子是幸运的，她碰到了一位有智慧、有爱心的好老师；我是幸运的，我看到了自己的孩子在桂老师的教育下，正在健康成长。"家长这样的感慨，表达出的是绝大多数父母的心声。

近年来，桂老师充分发挥名师的示范作用，带领"桂贤娣名师工作室"团队，在"情感·智慧·阳光"的育人之路上积极探索，取得了不少成绩，形成了独具特色的小学语文"桂氏情感教学法"。

不仅如此，作为特级教师和全国优秀班主任当中的杰出代表，桂贤娣到新疆、港台地区和湖北省农村多次讲课和送教，为湖北省农村教师、支教生、骨干班主任等进行培训。据不完全统计，她所培训过的教师超过5万名。她多次受到教育部和省教育厅有关部门的表彰，多次被受训教师评为"最受欢迎的教师"。①

【思考】

1. 从桂贤娣老师的成长经历中，您领会到什么样的教师职业幸福？"只有幸福的教师，才会教出幸福的学生"，这句话您怎么理解？

2. 回顾与反思最近参加的一次师德培训，其中给您带来最大感染、感动的一个人或一件事是什么？分享一下它为什么会给您带来感染、感动？

---

① 本案例引用时做了改写。参见：教育部新闻办公室. 幸福在心——走近2011年度全国教书育人楷模［M］. 北京：教育科学出版社，2012：188-209.

三、激发与传递温暖的力量是师德培训的指归

师德培训是通过师德课程实施，实现教师道德知、情、意、行综合提升的过程。然而我们一再强调，在此过程中，相比于师德知识的掌握、智慧的增进、能力的改造，教师内心的德性被激活、被感染，本初的那份善心、良知与使命被唤醒、被激活、被温暖，是显得更为重要的前提。一定意义上说，师德培训就是激发与传递感染力，激发与传递温暖，师德培训应该充满温暖的力量。当前，我们教师职业遭受着种种偏见与误解，教师待遇仍存有不公，师德水平整体进步的同时却又遭遇到不少冷眼，教师一定程度上还是一个"有苦说不出"的弱势群体。在此情形下，我们参加师德培训，更需要感受与获得这种温暖的力量。参加师德培训，就是来参加一项"温暖工程"，在项目管理实施方、授课老师、参训同学等不同人组成的这个研修共同体中来体验、参与和传递种种温暖。

（一）感知培训方的温暖

如前所论，在以往的政治服务主义取向下，师德培训往往采用冷冰冰的、管理主义的培训管理方式，通过冷冰冰的管理、机械的授课、粗暴的教条对教师提出种种要求。这样的师德培训，缺乏人情味，缺乏温暖。教师越参训，心里越冰冷，因而注定不会取得好的效果。在新时代背景下的新师德、大师德培训，必须实现培训价值立场的根本转向，从政府立场、政治立场，转向基于关怀伦理的、着眼于教师发展与幸福的教师立场、"师本立场"。由此，从培训项目实施与管理的角度来说，师德培训首先就是一个"暖心工程"，要将培训做成一个温暖培训。只有做到了温暖人心，才能苏醒与打动教师，直抵教师的内心世界，从而使教师从质疑、抵触与反感转向受吸引与感染、热爱与激情投入，促进师德培训收到良好实效。

培训方的温暖，可以来自方方面面与各个环节，贯穿培训过程的始终。在此方面，有一句话，叫"细节决定成败"，可谓十分恰当。这种温暖，无所谓轰轰烈烈，却更多地可能是体现在种种日常细节之中。柔软的细节，更能扣人心弦，打动与温暖教师的心灵。

"细节传递温情。打开宾馆房间的门，抢先跃入眼帘的，是一瓶红红的辣椒

酱，一盘显然是经过精心搭配的新鲜的水果，和水果上的欢迎卡片——

亲爱的老师：您好！诚挚欢迎您参加本次培训项目的学习！这是我们为您准备的辣椒酱和水果。祝您每天心情愉快，幸福美满！……

好温暖啊！一路的风霜疲惫，顿时消失全无。即使是现在回到工作单位，把玩着这张立体感颇强的小小卡片，望着淡淡的粉色基调上古铜色的水壶和红的、白的花朵儿，我心头涌起的，依然是一股大大的暖流。说实话，这样的暖流，在我培训的那段日子里，似乎就没有间断过。

在节奏紧张的培训中，这样体现温暖的细节不胜枚举：教授们嘴角的微笑，班主任老师眼睛里睿智的光芒，生活老师甜甜的小酒窝……还有我不是很熟悉、但一直在班级里为我们忙前忙后的很多老师。如今所记得的他们的细节，只是一个个默默忙碌的身影。他们似乎根本不存在，但一旦我有学习、生活上的麻烦，他们肯定会出现在我的眼前。我知道，茶歇时一盘盘的水果、糕点，一直热着的纯净水，一扇扇及时打开的门，一本本的书，一间间干净整洁的教室，一堂堂精彩的课堂活动……这些都源自于他们的细心、精心，以及对我们这些学员亲人般的心。"[1]

"学习接近尾声，心里想说的话太多。随着越来越多地接触培训团队，从心底里由衷地想夸一下这一群人：短短十天，前后接触不过十几人，却处处能感受到这个团队带给我们的温暖与阳光：温暖的是细心周到的呵护，细致周密的安排，不厌其烦的叮咛与生活，学习的全方位安排……阳光的是每个人脸上无时无刻不洋溢着的笑，无不给人以阳光向上、亲如家人的亲切感。我想，这应该是亲文化的魅力所在。它驱散了劳累、驱走了烦恼，让我们整个学习共同体中的每一个人，都一直充沛着一股阳光向上的动力。我想，作为一个管理者，能够营造这样一种培训文化氛围，作为项目团队成员，能够在这样繁忙的工作中保持着阳光心态，忙碌着、辛苦着、阳光着、快乐着，真的是很难得。所有这些，带给我们无边的温暖，这也促使着我们老师努力去改变自己先前的心态，更为积极地投入到学习中，忙碌着，快乐着，成长着。"[2]

---

① 本案例来自辽宁省黑山县第一高级中学高岩老师的培训研修日志。
② 本案例来自山东省济南市文登小学周艳红老师的培训研修日志。

不难看出，上述两个案例中，参训教师的言辞之间，洋溢着项目培训方的温暖带给教师们的感动。的确，一次好的师德培训，可以直抵我们教师柔软的内心，融化教师那也许沉寂已久、尘封多年的心灵世界，激发教师那份初始的良知与火热，从而让教师回味一辈子、温暖一辈子、受益一辈子。当然，要达成这一目标，除了我们教师主观上要积极参与、融入其间，培训方精心的设计安排、温暖的培训文化，是不可或缺的前提。这就是我们前面强调的，师德培训本身应是道德的，应以合道德的方式进行。

（二）感知学习共同体的温暖

"尊敬的班主任老师：

您好！

躺在床上，无法入眠。有好多话想说跟您！离别前，有太多的不舍，有太多的眷恋！虽然来这儿的时间只有半个多月，但太多的画面，一幕一幕，像放电影一样地再次浮现在我的脑海。咱们班在您的管理和带领下，在各位老师的协助下，显得非常有凝聚力，就像一个温暖的大家庭一样。这个大家庭中的每一员，都给我留下了深刻而难忘的印象。班委们不怕苦、不怕累，凡事分工合作、群策群力；学员们个个才思敏捷、聪明睿智、多才多艺；助教老师默默无闻、甘于奉献、竭诚为我们服务。还有您，亲爱的班主任老师，在我眼里，您是一位很有爱心、很温暖的'暖男'。那天的班级文娱晚会上，您为本月生日的学员们精心插播的爱心生日会，给大家带来了无尽的惊喜，更让寿星学员们终生难忘。同时，也让我深深遗憾：为什么我不是在这个月出生呢？您是一位很有管理智慧、善于鼓励的老师，能抓住点滴时机，为学员尽量提供锻炼与展现自我的平台。比如，每位专家授课结束后，您都要求每组派人上台，总结、点评、分享、互动。虽然时间短，但它很能锻炼我们，而且往往使研修内容得到了升华，将课堂气氛进一步推向高潮。还记得上次我在总结田教授的报告后，您走到我的座位前，悄悄地向我竖起大拇指，鼓励我说得很好，这让我备受鼓舞！您是一位能吃苦而且很幽默的老师，每次上课前，您来到教室，整件衣服都汗湿透了，但您全然不顾，拿起麦克风就精神抖擞地向各位学员问好，幽默活泼地为我们介绍授课专家，让我们精神为之一振，学习胃口大大地被吊起！您是一位非常懂得尊重又很敬业的老师，我们的每一篇博文，您都是第一个而且是最忠实的读者，还非常及时地给予精准的专业点评，引导我们进一步去讨论与思考……

这点点滴滴，历历在目，让我注定今夜无眠！"①

上面这封信，是一位参训教师在结业返程前夜写给班主任老师的邮件。培训的温暖，带给她的是彻夜无眠的感动。在教师参加培训过程中，培训方、班主任、授课教师、参训学员等一起构成了一个密不可分的学习共同体。这是一个研修活动共同体，但一定意义上说，更是一个心理共同体、成长共同体甚至是命运共同体。这个共同体中种种温暖力量的激发与传递，会彰显出巨大的能量，感染教师，推动他们去参与、体验、反思与行动。班集体的种种暖心活动，可以调剂、抚慰参训老师的内心；授课专家的专业引领、温情传达，可以使教师获得专业成长的动力与信心。当然，在这一研修共同体中，学术班主任更应该成为温暖整个共同体的灵魂。他不仅监控与保障着培训项目的整体水准，引领、驱动着教师的专业提升，更是引导培训、文化营造与形成的核心力量。因此，参训教师从学术班主任那里感受到的温暖，定当使他们获得无穷的动力。

不仅如此，同学之间的智慧碰撞、相互的思想交流，也会给彼此带来温暖的力量。

"那是一个充满浓香的下午，学伴们端着咖啡，享受着有品位的聚会；那是一个充满思想激情的下午，学伴们游走于不同的咖啡桌，享受着畅意的表达、静心的聆听、观点的碰撞；那是一个解决问题极为有效的下午，学伴们围绕着大家最为关注的这个共同话题，竟然汇聚了那么多精妙的想法，连自己都叹为观止。我们新鲜而好奇，却又在紧围着同一个话题，攀谈畅叙，交流不止……"②

这是一位学员参加"世界咖啡"主题式交流分享活动后的场景描述。我们相信，培训方式的改变，带来的是参训教师参与状态的巨大转变。它给教师带来的，远不止于心灵的温暖，更为重要的是，由此而造就的温暖氛围中大家在专业

---

① 本案例来自湖北省武汉市洪山区街道口幼儿园肖洁老师的培训研修日志。
② 本案例来自四川省乐山市中小学教师培训中心许泽能老师的培训研修日志。

学习上相互激励、相互扶持、"抱团取暖"的温暖前行。

"第一次与这个大家庭的33位成员朝夕相处在一起，一起学习，一起生活，给我带来了不一样的温暖。在这个大家庭中，我们互相尊重、互相帮助、互相学习，使我感觉到又重新回到了校园。一路上，大家你照顾我，我招呼着你，心里的归属感油然而生。大家专业探讨时的执着争论，生活交流时的幽默话语，时时回荡在我的耳边。这让我们心情愉快，少了几分离家的惆怅。有人生病了，我们相互关心，嘘寒问暖；有人过生日了，我们大家一起为他们过生日，给离家的他们一个惊喜……所有这一切，都历历在目。当餐券由一摞变成最后一张的时候，期待回家的欣喜，却被离别的惆怅所代替。太多太多的感动与舍不得，太多太多的温暖与情谊，让我不忍与同学们说再见！我相信，大家此时的心情是一样的……"①

这段话，摘自于一次培训结业典礼上参训老师的汇报发言。从中我们可以深刻感受到，她从参训同伴那里获得的点点滴滴的温暖与心灵的抚慰。正是这种温暖与抚慰，为她的培训生活增光添色，从而转化为学习研修的动力。我们教师参加培训，一般有校本培训和脱岗集中培训两种。当我们离开家人、离开学校与孩子，到可能是一个陌生的地方去进行一个周期的培训学习，可想而知，同伴的温暖与相互慰藉会带给我们何等的力量。

（三）传递温暖，照亮前程

我们教师参加师德培训，不可能仅仅停留于被感染、感动，被激励、温暖。更重要的是，要将这种感染、感动、激励、温暖扩散辐射，传递与传播开去，照亮教育的整个世界。这样的温暖传递，必将推动更多的人从冰冷中发现温暖，从黑暗中寻找光明，从无助中获得力量。

"这次培训让我领悟到，师德不是简单的说教，而是个人魅力的感召与影响。从吴校长矍铄的目光、睿智的谈吐中，我近距离地看到了一位师德标兵身上

---

① 本案例来自北京市通州区教师研修学院白秋红老师的培训研修日志。

所具有的教育情怀。看到吴校长，就不难理解他们学校为什么是全国名列前茅的名校了。王教授富有想象力的创举，充满灵感的点拨，感性与理性完美统一的见解，都让我们深深折服。我也将永远铭记王教授所说的，我们要心怀悲天悯人的情怀，具备俯仰天地的境界，拥有洞彻人心的智慧，努力追求并实现自我价值，用一己之力，带动和影响更多的人，从而营造具有良好社会风尚的师德氛围。

带着对风景如画校园的喜爱，带着对老师们兢兢业业工作的感动，带着对此次培训团队的感激与眷恋，我们回到了各自的工作岗位。我想，我会怀着对本职工作更多的热爱，踏上新的征程；我也会带着对师德更多的思考，投身其中。弥足珍贵的一点是，我们会因这一次培训，终身相识，终身受益。我们会在网络空间继续畅谈心得，温暖彼此，相互促进，不断成长。我们会像老师们期盼的那样，努力将自己变成一颗颗蒲公英的种子，无论走到哪里，都会将心比心、以善致善，将对教育真、善、美的追求播撒开来，让师德之花开遍漫山遍野。"①

"培训后回到学校的第一天，我一直被学生感动着。刚进教室，全班52名同学齐刷刷地坐在教室中。全体学生起立大声喊道：'欢迎老师回家！老师，我们想你！'黑板上学生精心布置着：欢迎老师回家！彩色的气球布满教室。还有一个大大的蛋糕，蛋糕上写着：欢迎老师回家！我被学生感动得热泪盈眶。没等我缓过神来，两名学生到台前，开始了诗朗诵，大意是对老师的思念以及好好学习、天天向上等内容。这帮孩子真是太可爱了！他们忘记了老师平日里对他们的严厉，忘记了我对他们的苛刻……

我给每一个孩子都买了小小的礼物，他们兴奋得像一只只快活的小鸟。我利用两节课的时间，引导着他们观看了培训时老师分享给我们的电影《叫我第一名》。观看后，孩子们纷纷发表自己的观点，边谈观点边分食蛋糕，还有我带给他们的食品。没想到孩子们谈得都那么深刻。

回家后，我深刻地反思：孩子们今天为什么这么高兴？为什么和我的距离突然变得这么近？原来是我和孩子平等相处了，我放下了我的'师道尊严'。我和他们平等相处，成了朋友，所以一切变得不一样了。

这次培训虽然短暂，却仿佛让我顿悟了什么是'师德'。师德就是做一个好

---

① 本案例来自吉林省长春市特殊教育学校王丹丹老师的培训研修日志。

老师该做的事情，努力做一个好老师能做的事情，不做一个老师不该做的事情，用一颗爱生之心，去感染与激励每一个学生。困惑已久的问题，我似乎突然迎刃而解，真有一种'山重水复疑无路，柳暗花明又一村'的感觉！在以后的教学中，我一定秉承这次培训的精神，将爱的芳香温暖地传递给我所有的学生，去温暖、去感染我的每一位学生。"①

上面两个案例，均来自教师参加师德培训后的学习总结。一滴水中可以折射出整个世界，我们可以想象，这两位教师在培训中获得了怎样的温暖，又将怎样在未来的教育生活中传递温暖的力量。

综合本章的讨论，我们体会，师德就是感染与温暖，师德培训就是激发与传递感染力，激发与传递温暖的力量。我们中小学教师应该顺应时代潮流与社会发展需要，自觉自醒，努力提升师德水平。在师德培训过程中，我们教师应该充分发挥主体性，积极参与、体验、感悟、反思与行动，自主自由地行走在师德建设的原野，去感受、体悟与传递温暖，在此过程中，习得道德认知、涵养职业操守、确立职业信念、坚定道德意志，从而做一个温暖的师德实践者！

思考与分享

1. 回顾您最近参加的一次培训，思考一下其中反映出的培训文化，并分享自己在培训过程中受到的思想触动。

2. 思考一下，您自己打算在今后的教师职业生涯中如何以切实的行动去实践师德？尝试着给自己列一份比较具体的行动改进计划。

---

① 本案例来自黑龙江省佳木斯市第十九中学罗大涛老师的培训研修日志。